中国人の価値観

―古代から現代までの中国人を把握する―

北京大学教授
宇文利　著

日中翻訳学院
重松なほ　訳

日本僑報社

まえがき

価値観とは一体何だろうか。この言葉ほど「掴みどころがなく捉えがたい」ものはない。専門家の定義も一般の人にはわかりにくいだけである。「中国人の価値観」とは一体どのようなものだろうか。本書を初めて目にした多くの方はそう思うだろう。そして本書を読み進めると、「中国人はなぜそのような価値観を持つようになったのか」という疑問にぶつかるに違いない。

価値観は厳粛な学術テーマとして理論的解釈をされるが、一般の人から見て曖昧模糊としたものになってしまうのが常である。専門家でなければあまり取り上げることはない。ただ、正面切って価値観とはうたっていないものの、内容的には価値観への洞察が見られる文学的、歴史的な作品は数々あった。今でもよく読まれているものでは辜鴻銘の『中国人の精神』(《中国人的精神》)、林語堂の『中国人』(《中国人》)、羅家倫の『中国人の品格』(《中国人的品格》)、柏楊の『中国人史綱』(《中国人史綱》)等がある。本書の性質はそれらの作品とは異なる。本書には以下の三つの特徴がある。

まず学者たちの言う難しい議論を易しく書き直して、「価値観」そのものを描き出すこと。ともすると学術的になるか、あるいは逆に生活感の出たものになりがちな「価値観」という普遍的なテーマを、できるかぎり分かりやすい言葉で描き出すよう心掛けた。

次に当代、つまり現代の中国人を対象としていること。本書が目指すのは伝統的な中国人ではなく、現代中国人の価値観である。文化は連続体であり、歴史と伝統の中で育まれてきた価値観と現在の価値観には密接な関係がある。その関係性を見つけ出し、現代の中国人が創造し改変してきた価値観を明らかにする。

そして、生存、政治、経済、文化、社会に分類してそれぞれの中国人の価値観を描き出すこと。かつての作品では暗示的に示されたり、それぞれのカテゴリーで語られることの多い価値観を正面から捉え、現代中国人の価値観を映し出すことを目指した。

私は勇気と探究心を持って描き出したこの『中国人の価値観』を、今を生きる中国人、そして中国を想い、中国と中国人を理解したいと願う友人たちに捧げる。中国人の精神と価値観を描いたこの一冊が、公正かつ客観的であり、中国人が何を願い、何を追い求めているかを真に追求していると、皆様から認められることを、切に望んでいる。

二〇一二年六月

宇　文利

目次

〈凡例〉

一、本文中、文末右下に付した小数字1、2…は著者の原注を示す。文末に（訳注1）、（訳注2）…と示したものは訳者の付した注を指す。

一、著者が主に引用などで〝　〟を付した部分は「　」で統一した。

一、文中の〔　〕は著者の記述、（　）は訳者の記述である。

一、著者が古典等から引用した語句・文については、よく知られていることわざ等を除き、訳注としてできる限り章毎に原文と出典を記した。またすでに出版されている邦訳から訳文を引用した場合も同所に示した。

一、書名は『和名』（《原書名》）で統一し、日本漢字にないものは簡体字を用いた。

一、原注については著者の記述のまま、書名は簡体字のままにした。

一、重要会議等の略称は正式名称を記述した。たとえば「中全会」は「中央委員会全体会議」と記述した。

一、ふりがなは訳者による。

第一章　中国人の価値観概論と評価

一、価値観とその表れ

価値観とは何か？　価値観はどのような形で表れるのか？　このような問題に学術的に答えるのは決して難しくない。理論研究に携わる人なら、よく知っている分野内外から極めて学術的な定義を導き出し、典籍を引用しつつ分析を加えることも楽にできるだろう。あるいはたとえこの概念をよく知らない学者でも、辞書を引くなりネットで検索するなりしてあれこれ解釈を探し出すに違いない。しかし一般の人、とりわけ専門的に研究するわけでもネットで「知識を掘り出す」のに慣れてもいない人から見れば、価値観という語は奥が深すぎて理解も説明もしにくいに違いない。仮にもし他分野における価値観のさまざまな定義をそのまま借用したらどうだろう。たとえば「主体が客観事物に対し、自分自身および社会的意義あるいは重要性に鑑み、評価し選択を行う際の基準」[1]あるいは「社会成員が行為、事物を評価したり、さまざまな可能な目標の中から納得のいく目標を選ぶ際に用いる基準」[2]。しかし学術的にいかに定義しようと、この概念のもつ真の意味は容易に理解されないだろう。学者と違って一般の人が

原注1　《中国大百科全书・心理学》一五四頁、北京、中国大百科全書出版社、一九九八年。
原注2　《中国大百科全书・社会学》一一三頁、中国大百科全書出版社、一九九八年。

求めるのは、もっとも簡明で直観的でこなれた言い方なのであって、概念間に含まれる蜘蛛の糸のようにこと細かな区別などはさておき、ある対象の明解な解釈をつかみ取るだけである。それが大衆の好み・興味というもので、人々が概念を知るときの特徴である。

そこで、ここではわかりやすさを旨とし、不必要な学術論争や枝葉末節を取り去り、もっとも常用されるが比較的正確な価値観に関する定義を、よりかみくだいて以下のように解釈してみよう。

価値観とは人々の頭の中にある基準であり、人々が納得のいく価値を表している。この基準を用いれば、人は自分や他人の言行が重要かどうか、自分または社会が認める原則に合っているかどうかを判断できる。

さらに簡単に言えば、**価値観とはつまり事物の価値を認識し判断する基準である**。日常生活において、私たちは常になにがしかの事物あるいは対象に対して見解を述べ、それが重要かどうか、正確かどうか、合理的かどうか、受け入れられるかどうか、真善美にかなうかどうか、自分たちの思いや原則に合致するかどうかなどを評価している。このような評価をする際に用いる、自分の中にある価値尺度こそが価値観なのである。

たとえば、ある青年が池に落ちた子供を助けようと危険も顧みず池に飛び込んだとする。ある人は、危険をおかしてまで人を助けるなんてばかげていると考え、またある人は、青年は非常に勇敢で善良であり、これは賞賛されるべき美談だと考え、またある人はよいとも悪いとも言わずさりげなく評価を避けるかもしれない。この三種類の態度や対処方法には三つの異なる価値観が隠されている。どの方法であれ、外在する事象や対象、行為を取り上げ、自分の中にある価値基準と引き比べ、それによって自分の判断を下している。どのような立場に立っていようと、自分の内なる個人的価値観を用いているのである。もし社会の多数派あるいは社会組織が、先の青年の行為に対してこれこれであると評価したとすれば、それは社会的価値観を用いたことになる。一般的に私たちが価値観について言及する場合、それは常に社会の多数派の価値観を指している。社会的価値観というものは個人的価値観によって成り立っているが、個人の価値観のごった煮ではなく、有機的かつ有効な総体であり、統一され昇華された集団的価値観なのである。

個人であれ集団であれ、価値観は非常に重要である。アメリカの著名な社会学者タルコット・パーソンズ（Talcott Parsons　一九〇二〜一九七九年。米国の社会学者）は、価値観とは通常のシンボル体系の一因子と見なせるものであり、人々が依拠しうるひとつの基準となり、人々はそれによってさまざまな行動方針の選択肢の中から自らの選択を行うのだという。著名な組織行動学者ロビンス（Stephen P. Robbins　組織行動学者）も次のように言っている。「価値観は常に人の態度と行為に影響を与えている」「価値観は組織行動学を研究する上で非常に重要である。なぜならそれは労働者の態度と動機を理解する基礎になるからだ。同時にそれは私たちの知覚と判断にも影響を与える」[3]。わかりやすくいえば、**価値観は個人・集団の行動を先導する灯のように、価値の判断と価値の選択の道を照らす**。それはまた、私達がある対

原注3　〔米〕スティーブ・P・ロビンス『组织行为学』（第七版）一二三八頁、北京、中国人民大学出版社、一九九七年。

象や事件、人物、行為の価値の大小、真偽を判断するための天秤ばかりのようなものでもある。人はある選択に直面したとき、心の奥にひそむ価値観に導かれ、どうすべきかどうすべきでないか、どうすれば合理的でどうすれば合理的でないか、どうすれば役に立ち、どうすれば役に立たないかなどを判断する。ということは、ある人の持つ価値観から、その思想、情操、信仰、行為を判断できるし、またその人を支え、自己内部から決定を下すその重要な価値の支点とは何かを知ることができる。そしてまた、その人がどのような価値を信じ、どのような基準を持っているかを知ることができるのである。言うまでもないことだが、ある人がある事に喜んで賛成したり、ある行為を賞賛して認めたり、ある人を支持し助けたりすることもあれば、まったく反対の決定を下して、同じ人、事、行為に反対したり、批判を加えたり排斥したりすることもある。簡単にいえば、価値観とは、人の選択や判断を導く内在的価値の分銅なのであり、価値の天秤がふれる側と重さをコントロールしているのである。

さて、価値観の重要性を理解したら、次に価値観が一体どのように形成されるのかを見なければならない。この問題についても視点によって異なる回答が出てくるだろう。たとえば「風土が人柄を育てる」のだから、地理的要素が価値観形成に決定的に影響しているという人もいれば、「文化はすなわち人格」なのだから、歴史的伝統と文化的要素が価値観形成に支配的な影響を及ぼしているという人もいるだろう。また政治的、経済的あるいはその他の要素に目を向け、それらが価値観形成に重要な作用を及ぼしているという人もいるかもしれない。現代社会科学研究の分野で、目下学者間で議論が多いのは、文化人類学及び社会心理学の視点からの価値観形成分析で、現段階ではこれがほぼ価値観を読み解くもっともホットな切り口となっている。これらの分野の価値観研究では、外部の世界に対する心理的感覚と知覚、感受性、道徳の受容と人格の選択などを重点的に分析している。事実、価値観形成の要因は多方面にわたる。その中には、家庭、社会、学校環境における両親や年長者、教師、同輩の生活から受ける影響だけでなく、個人が獲得した知識の蓄積や文化の観念、思想的な啓発によるもの、また政治、経済、法律などの分野の思想や政策、メカニズムなどの要素による影響もある。つまり一個人の価値観形成には、ある一要素のみが影響することはあり得ないし、ほんの少しの要素しか影響しないということもあり得ない。人の**価値観形成に影響を与える要素は多種多様**であり、その中のある一つの要素が主に作用し、ほかの要素が補助的に作用する。いずれにしろ、価値観形成に影響する要素は、唯一の孤立したものではあり得ず、多元的で、多様なのである。

上述のように、価値観とは人々の思想や意識、深い内面にある価値「尺度」である。それは人々の生活や言語、行為の中にあり、人々の思想と魂の内部に根付いており、価値認識、価値選択、そして価値判断の軸となっている。実際価値観とは価値の核のように人の思想・行動体系の中心となっており、この中心から同心円を描くように、価値観は階層ごとに内から外へと拡がっていく。どの階層にも、表現するための媒体があり、それによって表面に出てくる。したがって価値観の現れ方も多種多様になる。たとえばどんな服を着るのが好きか、どんな味が好きかといったこともその人の価値観に関係している。

同時に衣・食・住・行（「行」は交通を指す）の階層に現れる価値観は、どのような本が好きで、どのような音楽が好きかによって代表される価値観とも違う。前者は物質生活レベルの価値の追及、後者は別のレベル、すなわち精神生活レベルの価値の追及の結果である。

社会の個体としてみれば、価値観は集中的に思想や言語、行動に現れ、生活のさまざまな事柄をどう理解し処理するかに現れ、日々実践される行動に現れる。社会の集団についていえば、その集団の言語・文字、文学・芸術、政治・哲学、風俗・習慣、宗教・信仰、生活様式、制度・政策などのすべてが、内在する価値観を表すことができる。これらの対象の中に現れてくる観念は、理解しやすくするためにしばしば政治観念、経済観念、文化観念、社会観念などといったさまざまな分野に分類される。しかし観念の核心はすべて、あくまでも人々に選択と判断を促す価値観なのである。まさに、価値観が個体や集団の奥深くに内在する価値基準であるからこそ、外在の対象を借りて表出されることになるのだが、ある外在物はただ価値観を表しているというだけで、その集団の長期的、恒常的、また典型的な価値観を真に代表するものとはなり得ない。従って多くの場合、深く掘り下げ仔細に弁別していって初めて、ある集団の真の価値観を知ることができるのである。

二、中国人の価値観の表現形式

中国人、特に現代の中国人はどのような価値観を持っているのか、これは本書でできる限り詳しく説明したいテーマである。このテーマについては、後の各章で詳しく述べようと思う。しかしその前に、中国人の価値観がどのような形で現れるのか、すなわち中国人の価値観の表現形式とは何かをまず簡単に説明する必要がある。

この問題が提起されると、読者はすぐそれは相当てごわい問題だと思われるだろう。それはなぜか？なぜなら価値観はひどく雑然とした体系であり、人々の頭の中に存在し、思想への認識や価値判断、行動の傾向の体系の総称だからだ。価値観は人及びその思想と密接に結びついており、人々の言語や思想、行為、生存活動の中に浸透している。特に人々の生活上の価値観は基本的に生活に溶けこんでいるため、いつでもどこにでも存在し、また形式も選ぶことなく表現されてくる。したがってすべてを挙げることは極めて難しい。その点を考え、いくつかもっとも主要で、代表的な表現形式を選んで、中国人の価値観のありかと表れを説明しよう。

（一）言語と文字

ご存知のように、中華民族とは現在中国の大地に生きる五十六の民族の総称であり、複雑な民族総体である。中国史が文字で記述されるようになって以来、いや、文字が出現する以前から、中国人とはもっぱら中土〔中原〕の地、つまり一般的に今日の河南・河北南部一帯に住む人々を指していた。周辺地域に住む、方言や服装、生活習慣の違う人々は野蛮な異民族とみなされた。その後、ゆるやかに交流・融合を繰り返し、各民族は徐々に結合し、一つの国の族つまり中華民族となったのである。しかし中華民族と総称されるとはいえ、違う血統、種族の人は、異なる方言や服装、習俗、生活・生産の習慣を持つ。これらにおいては、実はすべて自分が属している生活・生産・生存領域の価値認識と価値判断があり、また自分自身の価値観も含まれている。当然、これらの価値観はばらばらで、生活感にあふれるものだが、その後の民族融合と社会交流の中でゆるやかに融合したり、変化したりしていく。

中華民族を構成する各民族が交流し融合するにつれ、言語と文字も統一されていった。秦朝以前、多くの諸侯の国々は独自の方言と文字を持っていた。秦の始皇帝は六国を統一し、小篆（古代書体の一つ）を統一字体として採用し、文字の統一を実現した。以後、同様に民族の交流・融合が起こり、各地の言語も徐々にまとまっていき、中国人共通の価値観を示す言語と文字がゆるやか且つ強固にできあがっていった。今日、中国人が使用している統一言語は普通話（共通語）であり、使用している文字は方塊字（漢字の別称）と俗称される。しかし、普通話と方塊字は歴史的に方言と字体のゆるやかな変遷を経て形成されたものであって、そこには中国各地各民族の貢献があり、その思考方式や生活習慣、価値認識が含まれている。このため**言語と文字は中国人の思想や観念、生存に関わる習慣を現し、価値観を体現しているのである。**

たとえば「国家」という二文字の現代中国語の統一発音は「guo jia」だが、この発音と筆記上の統一こそが、中国人としての統一された認識と判断を表している。この認識と判断の源は、「国家」という二つの中国古代文字がそれぞれ持つ意味、すなわち「矛を持った兵士が、人と土地で構成された領土を守っている」〔これが「国」という字の繁体字「國」の会意（漢字の成り立ちを分類する方法の一つ）解釈である〕及び「屋根の下で豚が生活している場所」〔これが「家」という字の会意解釈である〕にある。この「国」という字の解釈から、国家には領域があり、人がおり、兵士によって領土が守られる必要があることを人々は知る。それによって人々は土地と人の一体感を得、国に対する防衛意識と国境意識を持つようになるのである。「家」という字の解釈から、家とは同じ屋根の下で人と家畜が共に暮らすことであり、温かく平和な家庭のほのぼのとした感じを生み出すことを知る。この文字に脈々と引き継がれてきたものには、中国人の思想と文化的伝統があると同時に、国と家に関して持つ基本的価値観もあるのだ。

漢字の発音一つ一つ、方塊字の一つ一つは、すべて中華文化の構成部分であり、またいずれも中国人の価値観が内在している。統一された文字が広範囲に流布すれば、含まれる価値観の及ぶ影響は広大なものになる。今日、少なからぬ中国人、特に少数民族が祖先の作り出した文字を踏襲しているが、彼らの文字自体は中華文化と中華文明の構成部分であり、その民族の価値観に属しているのであって、中華文化の多様性と総合性を表すものとして、貴重且つ大切に保護される価値のあるものなのだ。また元々中国語を話せず方塊字も知らなかった少数民族も、今日では普通話を学び、方塊字も使える。彼らはさまざまな経緯を経て、大多数の人口を占める漢民族からよい所を取り入れながら、経済的にも文化的にも大きく進歩し発展した。全体的に見て、中国人がひろく使用する普通話と方塊字には、中国人共通の価値観がある。つまり言語と文字は、価値観を表現する基本形式であり、重要な媒体なのである。

(二) 食と衣

少し前に、中国各地の食と割烹芸術を表現したテレビドキュメンタリー『舌の上の中国』〔A Bite of China〕(《舌尖上的中国》中国国際電視総公司出版発行)が国内外で強烈な反響を呼んだ。このドキュメンタリーを見た人の多くは、描かれる中国人の料理の知恵、中国各地の美食、そしてその背後にある生存の知恵、生活経験、深く見事な技術と価値観念に感動した。冗談半分にこういうことを言う人もいる。食事しながら『舌の上の中国』を見ると食欲が増進する。食べていないときに見るとおなかがぐうぐう鳴る。夢に見れば、中国のあらゆる美食を味わい、目覚めて見れば中国人であることの幸せと誇りを痛切に感じる。幸せとはこんなにも美しく豊かな飲食芸術を持つ国に住んでいること、誇りとは中国人が「食」と同時に「美」も追及していると感じることだ。色鮮やかな珠玉の美食には、何千何百年脈々と流れてきた中国人の情感や思考、価値観がある。そう！　中国の食の豊かさ、美しさと中国人の食に対する純粋さと美を追求する境地に感嘆し、大いに吟味すると同時に、このドキュメンタリーは私たちに飲食にこめられた中国人の価値観への深い思いももたらしたのだ。

ドキュメンタリーが描いた生き生きとした食の実際と、長い間知恵を積み重ね、育ててきた食習慣から、そしてこれらが表している生活への探求と生存の世界の中から、中国人の心の奥底に潜む生活および生命、生存の価値観をたやすく見出すことができる。第一話「自然からの贈り物（自然的饋贈）」で目にするのは、自然界から食材のマツタケを取った後、土をかぶせてマツタケを保護することを忘れない人々、小さいホタテガイを海にまいて戻す人々、網の目を大きくして魚を保護し、稚魚を放つ人々、新しい種を撒いて、動植物やその他の生物の命をつないでいく素晴らしい習慣を持つ中国の人々の姿だ。このすばらしい習慣は疑いもなく環境保護、自然還元、生態保護への意志の表れである。第二話「主食の話（主食的故事）」では中国大地の津々浦々、種々さまざまな飲食の好み、その土地に合った食材を得る才智、そして気候風土によって異なる多彩な価値への追求が描かれる。第三話「発酵のインスピレーション（轉化的靈感）」と第四話「時間の味（時間的味道）」では、臨機応変さ、あくなき追求、粘り強さを備えた食の知恵と生存の法則が描かれる。第五話「厨房の秘密（厨房的秘密）」と第六話「五つの味の調和（五味的調和）」では、水と火の芸術を、人と天地・万物とのハーモニーを、村の集まりで見ることのできる敬老の風俗を、飲食と生活に備わった協調、頑張り、寛容、団らん、潤い、無欲さといった生き様を見ることができる。第七話「私達の大地（我們的田野）」では、うるわしい生活を追い求める際に見せる、まじめさや善良さ、純朴さや温厚さに感じ入り、生活への情熱と生命への激情を味わうのだ。

食がそうなら衣もまたしかりだ。中国では飲食は文化であり、服飾もまた文化である。旗袍（チャイナドレス）・唐装（古代の服装）・中山服（孫文が考案したつめ襟服）、開襟・水袖（伝統劇の衣装で袖口についている長く白い絹）・大馬掛（袖広の短い上着）、手織木綿・絹もの、綿織物・玉衣（玉で飾った貴人の服）……中国史上、歴代王朝すべて独自の服飾を持ち、中国のどの地域の民族でも独自の衣装を持っている。飲食や服飾の違いは地理的要素によるばかりでなく、風俗習慣、自文化への追求とも関係している。たとえば赤い服は、ふつう婚礼と祝いの日に着るが、赤を身につけ色とりどりの布を飾ることは祝賀と幸福を意味する。白い服はふつう弔いと葬式の日に着るが、白を身にまとい喪章をつけることは災厄と弔いを意味する、などなど。飲食と服飾には中国人の喜怒哀楽が表れて、幸福感のありかや知覚、情感、意志、行為が伝えられている。一言でいえば、中国人の**食と衣には風俗習慣と文化的探求心がひそみ、価値観が織り込まれている**。

（三）建築景観

建築は人工物であるが、人間そのものでもある。これは建築家が共通して認めているばかりか、すでに社会のすべての人々に共通する認識になっているようである。およそ人類の社会、世界の歴史にはさまざまな建築体系が出現してきたが、どれもそれぞれ異なる文化追求と価値観念を体現している。中国の建築はヨーロッパ建築、イスラム建築と並び称される世界三大建築群のひとつである。悠久の歴史、広範囲な流布、目をみはるようなまばゆい輝きは、世界の建築愛好家の心を奪い、世界各地の旅行者を引きつけてやまない。中国社会の発展過程において、かつて現れた無数の美しい建築景観は、歴史の風雨にさらされ崩壊したものもいくらかあるものの、現在まで生き残り、依然中国の風格と気概をたたえている。建築景観もまた、中国人の価値観を映すもののひとつである。

城郭（城壁と堀）、宮殿、廟、寺、仏塔、家屋、庭園、古代から連綿と引き継がれてきた万里の長城、南北を貫く京杭大運河から今日の三峡ダムまで、数えきれないほどの橋梁・楼閣から無数の陵墓・庭園まで、木造、石造から現代の金属構造まで、支柱、縦横の梁から網状軸線体まで、中国人の認識や価値、精神、品位を含まないものはなく、また制度や礼法、審美眼、習性が表されていないものはない。つまり、建築景観を貫いているもの、それは中国人の価値観なのである。

城壁と堀は保護と防御のためのものであり、封建統治時代の分封制度を反映しているだけでなく、平和を追求し、自ら城を守るという観念も表現している。宮廷は封建統治する皇帝権力の威儀と厳粛さの象徴であり、侵すべからざる至上性を意味している。家屋は心地よく、庭園は豪華で、仏堂の中は静謐、景観に価値情報を持たないものはない。家屋を例にとると、北方の瓦葺、南方のふきぬけ、建物の前の影壁（ついたてのような目隠しの壁）、建物内のついたて、奥庭、それぞれが洗練されており、それぞれに妙味がある。天窓は採光のため、地面の溝は排水のためというような、自然への備えの巧みさ以外にも、より多く感じられるのはやはり人の感覚と心情である。それはプライバシーを守り、簡便さや心地よさを求めるためであり、ある種の人々のため決められた価値基準である。北京の四合院（中庭を中心に四面を建物が囲む中国の伝統的家屋）は部屋の配置と寝室の並びに家族の序列が考慮されているだけでなく、むつまじさ、便利さにも重きをおいて、一家の素晴らしい団結心が追求されている。陝西省北部の黄土高原の人々が、土地をいかんなく利用し、山の斜面に作った窯洞《ヤオトン》（横穴式の住居）は、冬暖かく夏涼しく、遮音効果も高く、廉価で心地よく立派であり、この土地の人々の自然との融合思想を表している。広東と福建の土楼や遊牧民モンゴル族のパオ、トゥチヤ族の吊脚楼（水面上に張り出すように作られた部屋）、トン族の鼓楼（やぐら、太鼓を置いて時を知らせた）、チャン族の望楼（ものみやぐら）、タイ族の竹楼など、その民族、その土地の人々の現実と風土に合致していないものはなく、何といっても自らの価値観からみて最高の選択をしているのである。その選択には、**自然、社会、時空、人間の要素に対する価値観を含んでいないものは一つとしてない。**

(四) 思想・哲学・芸術

以上にあげた中国人の価値観の表現形式はこれがすべてではなく、ただ価値観の無数の表現媒体のうちのほんの一握りに過ぎない。しかし、これらの形式は、日常生活と活動にみられる生存価値、また価値認識と価値選択の比較的代表的なものである。この他、相対的に抽象的な事柄を認識する際の価値観があり、それは哲学・宗教や文学作品、音楽・美術、その他精神的活動の産物として表される。たとえば中国が起源の老荘思想の道家や孔子に始まる儒家、墨子の墨家、その他さまざまな学説流派、外来の仏教、キリスト教、イスラム教の学説教義などは、すべてこの抽象的な認識における価値観を作り出す思想母体であり、それらの中核にある思考様式と価値認識は、中国人の価値観と精神に深く影響を与え、その骨格となっている。つまり、中国の伝統哲学と宗教文化にある価値観は鮮明かつ独特で、中国人の思考様式と行動様式に深く影響を与えているのである。

　伝統的哲学・思想と同様、中国の伝統文学・芸術も貴重なものが次々と現れ、素晴らしい作品群が耳目を集めてきた。古代の神話から詩経（古代の歌謡を集めた書物。孔子が編集したと言われる）、楚辞（楚の屈原作の詩作を編纂した書物）まで、楽府（漢代に設けられた歌曲を司る役所）の詩歌から南北朝の民謡まで、唐詩、宗詞、元曲から明清小説まで、民国時代の雑文・散文から今日にまで連なる複雑多様な文学芸術様式。**中国人は文学・芸術の中に、濃密な価値情報をこめ、価値に対する豊富な理念を伝えてきた。**誇張ではなく、詩歌の一首一首、小説の一編一編、歌曲の一曲一曲、すべてに一定の価値観が含まれている。たとえば、『三国志演義』は、どれほど乱世を描きつくしたか、『儒林外史』（一八世紀、呉敬梓の科挙諷刺小説）はどれほど人間模様を浮き彫りにしたか。『龍の子孫』（《龍的傳人》七〇年代に流行した台湾の侯徳健が歌った歌）はどれほど、文化的情感を昂揚させたか。『郷愁』（一九二八年南京生れの詩人余光中作の祖国を想う詩）はどれだけ中国人に郷愁の情を喚起したか。

　哲学・思想と文化・芸術に現れる中国人の価値観は、飲食や服飾、建築、医学、祭祀に現れる価値観と同様、生活と生産活動のある面での価値への思考と価値判断を反映している。価値観は抽象的、潜在的で記述が難しいが、また鮮明で独特でもあり、注意深く見さえすれば、人々の生活の中や身辺に存在し、最終的には言行を通して表されてくるものなのだ。

以上の記述だけでは、中国人の価値観という膨大で複雑な研究対象を説明することも、価値観の中身とキャパシティを全面的に伝えることも到底不可能である。世界のその他の民族の価値観と同様、中国人の価値観も生活と生産、生存の活動に根差している。それを深く理解するためには、生活と生存への追求、生産実践に立ち戻り、中国人の根源的な価値選択に対し、観察と分析を行う必要がある。

三、中国人の価値観に対する西洋の評価

世界の文明と文化の交流の場で人々は、絶えず相互に観察し相互に評価している。近代中国と西洋の思想交流史において、中国人が世界に大いに目を開いた記録、西洋人が興味津々に東方中国の神秘にせまろうとした記録がある。十数年前、ある学者が『二〇〇〇年中国が見た西洋』・『二〇〇〇年西洋が見た中国』（《二〇〇〇中国看西方　上・下》、周寧編著、団結出版社、一九九九年）と題した叢書を編纂したが、そこには中国と西洋の双方が二〇〇〇年あまりの歴史的経過の中で互いに想像し合い、感じ合い、認識し理解し合いながら残してきたイメージが収集され、東西文明の相互観察のありさまが展開されている。中でも西洋思想家・神学者・旅行作家の記録の中に、今日まで残されてきた中国のイメージ、行間にしみこんだ中国人の言語・行動に関する細やかな判断と描写の数々がある。それは、まさしく西洋人の評価体系に現れた中華文明と中国・中国人の価値観の反映である。もちろん多くは、必ずしも直接的描写・

叙述とは限らず曖昧模糊としているため、こつこつと読み込まなければ理解できないし、その記録が正確かどうか、本物かどうか、適切かどうかは細かく見ていかなければ見分けられない。

（二）中国人の価値観を評価している資料

西洋人が中国人について最初の印象を持ったのは紀元前五世紀のことだ。シルク〔seres〕と呼ばれる軽い織物――絹が西洋人の世界に中国を持ち込んだ。その時から、東西交流の幕がゆっくりと開き、中国人の現実生活だけでなく、思考の世界、精神への追求と価値観念までもが、少しずつ西洋人の視野とその評価の舞台に入っていったのである。中世以後、中国と西洋国家の交流が増すにつれ、中国人のイメージとりわけその価値観念が、西洋人の頭の中で明瞭になっていき、関連記録がますます増えていった。多くの人になじみのある**『東方見聞録』**（《馬可・波羅游記》）、**『大カガン国記』**（《大可汗国記》）、**『デカメロン』**（《十日談》）、**『カンタベリー物語』**（《坎特伯雷故事集》）**などの書物は、多かれ少なかれ、中国の山水や風俗、気候風土や人情、人物の故事が記録されており**、それらを通して、西洋人の目に映った中国人のおおよそのイメージを知ることができる。これらの資料は数が非常に多いため、一つ一つを追って叙述するのは難しい。正確さを期して、ここでは中国人の価値観を直接描写しているものをいくつか厳選して概観してみよう。

十三世紀、商人マルコ・ポーロは見聞録に蒙古人とその君主チンギス・ハンの生活と戦争を描き、蒙古人がきわめて頑強で勇猛果敢であり、危険にもひるむことがなく、いかなる艱難辛苦もいとわないことや、彼らが独自の祖先神、道徳、法則を持っていることに言及している。また旅行した中国の町の風景や人口、生活・生産の細部まで描いているが、その中にもやはり当地の中国人の価値観を見ることができる。たとえば、杭州の町を旅行したときにはこう書いている。

杭州の人々の住宅、建築は華麗で、梁や棟に装飾を凝らしている。彼らはこの種の装飾や絵画そして想像力豊かな建築物に対し、きわめて大きな愛着をみせる。したがって費やしたお金も膨大である。[4]

また彼はこうも言っている。

杭州の人々は穏やかな性格だ。従来の君主は武功を崇めなかったので、下もそれに習い、その気風が広まり、民心は落ち着き穏やかになったのだ。彼らは武器の使用を知らず、家には兵器をしまっておいたことがない。完全に公平で情に厚いという品徳でもって、商いをしている。親密に付き合い、友好的で仲睦まじい。さらにこの地で商売する異郷の人に対しても同じように誠意を尽くす。気楽に客として家に招き、友好の意を表す。商売上のことにも善意を尽くして忠告したり、手助けしたりする。[5]

その他このような例は、『東方見聞録』にまだまだたくさん見られる。それらはすべて伝統的中国社会の某地某所の人々が信奉した価値観の側面を映すものであり、当然これもまた中国人の価値観である。

マルコ・ポーロに始まる大量の旅行記や伝記、ノートにはすべて、多かれ少なかれ中国人の価値観が記録されている。その中でも特筆すべきは、オドリコ（Odoric of Pordenone　一二八六～一三三一年。中世イタリアの旅行家・修道士）の描いた「世界でもっとも裕福な地域」、マンデビルの旅行記『大ハーン伝奇』（《大汗伝奇》）、メンドーサ（Gonzalez de Mendoza　一五四五～一六一八年。スペインの枢機卿）の『シナ大王国誌』（《大中華帝国誌》）、宣教師マテオ・リッチ（Matteo Ricci　一五五二～一六一〇年。中国名は利瑪竇。イエズス会員で、中国で宣教を行う）の『利瑪竇中国札記』（訳注1）、ライプニッツ（Gottfried Wilhelm Leibniz　一六四六～一七一六年。ドイツの哲学者、数学者）の言う「東洋の欧州」、利国安神父の中国見聞録、ヴォルテール（Voltaire François-Marie Arouet　一六九四～一七七八年。フランスの哲学者、文学者、作家、歴史家）が『風俗論』で描いた

原注4　《马可・波罗游记》一七九頁、福州、福建科学技術出版社、一九八一年。
原注5　《马可・波罗游记》一七九頁、福州、福建科学技術出版社、一九八一年。
訳注1　《利玛窦中国札记》マテオリッチ著、何高済等訳、中華書局、二〇一〇年。

中国、フランソワ・ケネー（Francois Quesnay 一六九四年〜一七七四年。フランスの医師、経済学者）、モンテスキュー（Charles-Louis de Montesquieu 一六八九〜一七五五年。フランスの哲学者）、ジョージ・マッカートニー（George Macatney 一七七五〜一八〇六年。イギリスの外交官。乾隆帝時代に貿易改善交渉のため大使として中国へ渡る）、ヘーゲル（Georg Wilhelm friedrich Hegel 一七七〇〜一八三一年。ドイツの哲学者）などの学術的、政治的著作における中国人の価値観の描写である。

一九世紀末から二〇世紀初頭までに、アメリカの宣教師と学者のもう一団が再び中国にやってきて、布教と教育のプロセスで中国人の価値観を仔細に観察している。彼らが残した多くの著作と文献の中に、伝統的中国人と当時の中国人の思想や観念、精神に見られる価値観を浮き彫りにしたものがあり、注目に値する。当代の中国人の思考につながるものだ。

価値観は巨大なテーマであり、社会とその構成員たちが、生活、生産、闘争において実践した多方面に及ぶ事柄のすみずみに表現されている。従って、ある社会または集団の価値観とは結局何なのかを、簡潔で学理にかなった言葉で言い表そうというのは、確かにたやすいことではない。上述の、中国にやってきた宣教師や学者が描いた中国人の価値観は、決していいかげんにあげつらったものではなく、中国社会と中国人についての仔細な観察や模写の細部に浸透しているものである。そう考えると、彼らの中国人の価値観に関する記述のすべてを、私たちが簡単な言葉で概括するのも難しい。もっともよい方法は、それらがわかる資料に辿り着く道を提供することだろう。

見たところ、次の著書がここで扱っているテーマに直接関わっている。スミス（Arthur Henderson Smith　一八四五～一九三二年。米国人宣教師）著『中国人の性格』〔Chinese Characteristics〕（《中国人的性格》）（訳注2）、チェスター（Chester Holcombe　一八四二～一九一二年）著『真実の中国男子』〔Real Chinaman〕（《真正的中国佬》）（訳注3）、ロス（Edward Alsworth Ross　一八六六～一九五一年。米国の社会学者。中国の移民労働者について研究した）著『変化する中国人』〔The Changing Chinese〕（《变化中的中国人》）、グッドナウ（Frank J. Goodnow　一八五九～一九三九年。米国の政治学者、教育者）著『中国解析』〔China: An Analysis〕（《解析中国》）（訳注4）、丁韙良（William Alexander Parsons Martin　一八二七～一九一六年。六二年にわたり中国で生活し、中国通とされた宣教師）著『漢学エッセンス』〔The Lore of Cathay〕（《漢学箐華》）（訳注5）などである。

二〇世紀初頭から現在まで、また一〇〇年が過ぎ、その間同様に中国人を紹介し評論する西洋の著書が現れた。これらの著書には政治的色彩が強いものもあれば、古典的な学術作品もある。また静寂の中に波瀾の一石を投じたものもあれば、不安定な社会の人心を静める役割を果たしたものもある。それらの出版によって中国人特にその価値観に対する西洋人の評価が展開された。その例として、たとえばア

訳注2　《中国人的性格》雅琴亭・史密聴著、李明良訳 陝西師範大学出版社、二〇一〇年。邦訳に『支那的性格』（白神徹訳、中央公論社、一九四〇年）、『中国人的性格』（石井宗皓・岩崎菜子訳、中央公論新社、二〇一五年）がある。
訳注3　《真正的中国佬》北京、光明日報出版社、一九九八年。
訳注4　《解析中国（西方视野中的中国）》蔡向阳・李茂增訳、国際文化出版社、二〇〇五年。
訳注5　《汉学菁华》丁韙良著、沈弘等訳、世界図書出版社、二〇一〇年。

メリカ人記者エドガー・スノー（Edgar Snow　一九〇五～一九七二年。米国のジャーナリスト）著『中国の赤い星』（《紅星照耀中国》）（訳注6）、イギリス人作家ハン・スーイン（韓素音　河南省生れ。一九一七～二〇一二年。中国人の父を持つイギリスの作家。映画『慕情』の原作者）著『早朝の大河』（《早晨的洪流》）（訳注7）、またフェアバンクス（John King Fairbank　一九〇七～一九九一年。米国の漢学者、歴史学者。ハーバード大学東アジア研究センターの創設者）著『ケンブリッジ中華人民共和国史』（《剣橋中華辞任共和国史》）（訳注8）などがある。もちろん、これらの著作も必ずしも中国人の価値観を専門的に扱ったものではない。浮き彫りにされた中国人の価値観が、ある分野、ある視点である程度暗示されているに過ぎない。

（二）毀誉《きよ》褒貶《ほうへん》相半ばする評価

一般的に、中国人の価値観に対する西洋人の評価は毀誉褒貶相半ばする。褒めているものは、往々にして中華文明の優秀さと中国文化の輝かしさを大いに褒め、中国人の価値観に対して憧れと羨望の眼差しが向けられている。しかし決して過剰な賞賛ではなく、客観的事実を述べたものだと言わねばならない。中華民族には五千年の悠久の歴史があり、人類史上もっとも敬服に値する文明と文化的成果をあげ、人類の文明に重要な貢献を果たした。この文明の成果と貢献は確かに中国人が誇りとするに値する。国内外の思想界を総合的に見て、宏大かつ広範な歴史観を持ち、全体を見通す歴史的視点から人類社会を見、中国と中華文明を見ることを理解している人は、皆この一点を認めるだろう。事実、中華文明と中国の歴史を賞賛する西洋人は多く、ヴォルテール、ヘーゲルなどがそうである。

もちろん中国文明や文化、歴史をあまり理解していない西洋の観察者も少なくない。彼らは著作の中に中国と中国人をおとしめ非難する著述を残しているが、その中には中国人の価値観を攻撃し批判しているものも少なくない。そのような状況に対して言っておかねばならないのは、中国人の価値観を観察し分析する際、それらの観察者や思想家がやや強烈なイデオロギー的色彩を持ち込んでいるということである。彼らはしばしば自身の政治的立場や価値観念を元に、中国の政治および社会制度に批評を加える。つまり色眼鏡で中国人の価値観を見ることになるのである。そればかりか明らかに中国人の性格や思想、精神、価値観上の不足を粗探しし、中国人を偏った見方でくくり、貶める者もいるほどだ。そのような例はさすがに少ないが。

面白いことに、中国の問題を観察したことのある人は、ほぼ例外なく中国人の民族的性格と価値観念に言及するのだが、それもあるものは真正面からものを言い、あるものは排斥的態度をとり、あるものはくどくど言い、あるものは大雑把に言うといった程度だ。中国人の価値観の評価に関しては、かつて

訳注6　《红星照耀中国》胡愈之・林談秋・梅益等訳、一九三七年に《西行漫记》と題して上海で出版された。邦訳に、『中国の赤い星』（松岡洋子訳、ちくま学芸文庫、一九九五年）がある。
訳注7　《早晨的洪流》南粤出版社、一九七四年。
訳注8　《剑桥中华人民共和国史》謝亮生訳、中国社会科学出版社、一九九〇年。

国内外の文化界・思想界に多大な影響を与えたマテオ・リッチ『利瑪竇中国札記』が代表作である。著者マテオ・リッチはイタリアの宣教師で、中国・西欧文化の早期交流史における重要人物である。彼は中国で二十八年生活し、中国明代の科学者であり数学者でもある徐光啓（一五六二〜一六三三年。明代末期の暦数学者、マテオ・リッチに会いキリスト教徒になる）、李之藻（一五七一〜一六三〇年。明代末の科学者。天文学・数学などをマテオ・リッチに師事）と共に、ユークリッド（Euclid 古代ギリシアの数学者、天文学者。幾何学の父と称される）の『幾何原論』『同文算指』『測量法義』などを共訳した。彼が晩年に書いた中国に関する回想録が『利瑪竇中国札記』である。この本の中でマテオ・リッチは、中国人は勤勉だと評し、多くの人が機械・工芸の能力に秀でていると述べている。彼は中国人には商売に天賦の才能があり、多芸多才であると考えていた。さらにリッチによれば、中国人には節約の習慣があり、ある種天真爛漫なかんしゃくもちである。道徳観として仁、義、礼、智、信という五大美徳を重んじ、万事、他人への思いやりを持ち、人を敬い尊重しようとし、品があって礼儀正しい。これらはすべて正面から中国人の価値観を描き出したものである。しかしリッチはまた、中国人には内弁慶なところもあると言っている。外部世界に無知で尊大なために、いったん真相が明らかになると卑屈になるという。伝統的な中国人の価値観に対するマテオ・リッチの評価は、正の面からの称賛もあり、負の面の評価もあって、この見方はやはり比較的客観的で公平妥当である。

一八世紀前半を生きたフランスの啓蒙思想家モンテスキューは、名著『法の精神』（《論法的精神》）で中国の政治形態や制度、風俗、礼儀などに検討を加えている。また皇帝の贅沢と人々の勤勉・倹約について論じ、自然環境、社会制度によって作り上げられた、人口、土地、労働の価値観の法則を研究し、性格、礼儀、道徳の特質に重点を置いて言及した。マテオ・リッチと同様、モンテスキューも中国人の性格の中に見られるひらめきと欠点に触れ、中国人が価値判断をする際の妥当性と偏りにも言及している。彼はまた次のようにも述べている。中国の宗教や法律、風俗、礼儀の中には、立法と統治に結びついたものが見られ、帝王は家を治めるという思想（治家、第三章の二を参照）を基礎に統治し、人々の生活は完全に礼によって支配されている。生きていくために庶民は骨身を惜しまず勤労せざるを得ないが、必要に迫られまたは気候に左右される生活では、利をむさぼる心を持たざるを得ず、しかも法律はそれに規制を加えていない。

モンテスキュー同様フランスの重要な啓蒙思想家であるヴォルテールも、中国文化と歴史的評価に高い関心を抱いており、中国人の思想と文化、精神、価値観に対する彼の評価は更に高い。彼は中国文化は西洋文化より起源が古いだけでなくむしろ進んでおり、精神と価値選択において盲信的でも熱狂的でもなく、寛大さ、賢明さ、そして調和を重んじる特徴があるとみていた。彼は言う。

我々がまだエデンの園をさまよい歩いていたとき、広大な土地で膨大な人口を持つ中国帝国が既に一つの大家族のような国を支配していた。中国人の宗教は簡明、明瞭、荘厳であり、盲信的でも、

野蛮でもなかった。しかもそれはわれわれの神々〔theutats〕以前なのだ……[6]

ヴォルテールは冷静に中国の智慧と偉大さを認め、中国人と中国社会を評価する際、極力無知による偏見を避けようとした。中国文明と社会を「名誉回復」させ、後世の中国理解への啓発の役割を果たした彼の一言がある。中国人の法律・宗教に言及した際、西洋の同胞に向けて語った言葉である。

我々西洋人は東洋の朝廷を評価するとき、軽々しく無神論という帽子をかぶせるが、『通史』（時代ごとに分けて書かれた歴史書）の中にすでにこのような軽々しいやり方を激しく非難した文章が見られる。実際我々の中には憤怒のあまり、彼らは無神論の帝国だと決めつけ、あらゆる法律が上帝にも味方と敵にも十分理解されることを見越して造り上げられたものであることに思いを致さない者もいる。[7]

このような正・負二種の評価をより直接的に理解できるように重要な思想家の視点を挙げておいたが、そのあらましを知って西洋の学術界が中国人の価値観を評論する際、明確に異なる二つの見方があるのを見てほしい。その大部分が歴史上のあるいは伝統的な意味での中国人について述べており、改革開放以後の当代の中国人の価値観に言及したものはほとんどないということを指摘しておかなければならない。比較すれば、伝統的中国人とその価値観に対する西洋の評論は、歴史の悠久さゆえに当代の中国人のそれよりずっと多い。しかし伝統的中国人とその価値観を評価するといっても、決して簡単なことではない。中国数千年の文明と文化の蓄積の間には、二千年あまりもの長きに渡って、儒家思想主導の封建的イデオロギーに支配された時代がある。儒家の思想は鮮明な特徴があり、かなり一致した人格的特徴と価値観の特徴が描き出せる。しかし同時に、中国文化は疑いなく広大深遠に過ぎる。儒家の思想体系にしても複雑極まる価値観の体系なのである。現代フランスの著名な思想家ジャン・ポール・サルトル（Jean-Paul Charles Aymard Sartre　一九〇五～一九八〇年。フランスの哲学者、小説家、劇作家）はかつて以下のように述べた。一九五五年、サルトルが訪問先の中国で、インタビューに答えて中国人の印象について語ったものである。

> 儒教はもはやマナーシステムになっており、ある意味であらゆる中国人が日々実践しているものだ。一人の中国人を語ろうとしても難しい。何かを隠しているからではなく、ほかでもないこのマナーシステムのためである。決して憎悪や冷淡さの表現ではなく、このシステムが人間関係におけ

原注6　〔仏〕ヴォルテール、《风俗论》（上）八七頁、北京、商務印書館、一九九四年。
原注7　Voltaire, *The Philosophy of History*, New York, Philosophical Livrary, 1965, p.87.

る慎み深さ、自己抑制を要求するのだ。[8]

言うまでもなく、今日の中国・西洋文化交流においてさえも、さまざまな原因から中国と中国人の価値観に対して不明確な見方をもち、甚だしくは誤解をしている西洋人が少なくない。そのような曖昧な認識や誤解は、文化交流や各レベルの社会交流の大きな妨げとなっており、ある程度疎外と怨恨の種ともなっている。友好的で順調かつ実りの多い国際交流というものは、双方が相互に理解し、信頼でき、そして相手の思想や文化の本質と内在する価値観念の基礎に最大限近づくことができて初めて成立するものだ。そのため、**東西異なる国家間でお互いを見るとき問題なのは、すでにあるか、またこれから現れるかもしれない認識のずれやそれが足枷となった交流ではなく、相互尊重や理解と受容を願う態度が欠けていること**である。本書もまさに、客観的かつ真実の中国人の思想と価値観体系を外の世界に紹介するために書いたものであり、ある意味で中国と西洋の相互交流のためになればと願ってのことなのである。

四、当代中国人の価値観の新しい変化

歴史と伝統からみれば、当代の中国人の価値観はすでにがらりと変わってしまった。中国人の価値観に変化をもたらした原因は、根本的にいえば中国社会の変革と開放、そして中国社会における生産と生

活の変化である。一九七八年以降、中国社会には驚天動地の変化が起きたが、この変化こそ中国人の耳になじんだ「改革開放」（一九六八年に中国共産党が定めた政策）である。改革は全面的、全方位的変革であり、前代未聞の深遠さをもって、昔ながらの生産方式や硬直化した思考様式の束縛から抜け出させ、現代化へ向かう歩調を早めさせた。開放は広範な、多層レベルの開放であり、やはり前代未聞の視野と器量をもって、幅広い視野、宏大な度量と気概を胸に世界を迎え入れ、中国と中国人にグローバル化への一歩を踏み出させたのである。

改革開放は、中国の社会生産、社会機構、社会関係に重大な変化を促した。社会の経済的要素、組織の方法、就業の方法、利益と分配の方法は日一日と多様化し、人々の思考法、思想や観念、価値選択の方向性に変化をもたらした。過去の思想上のタブーは打破され、もともと不可能だったことが可能になり、受け入れられなかった行為が容認され、受け入れられ始めた。社会の改革と変動の中にあって当代の中国人の価値観は、ある領域で新しい動向、新しい特徴が出てきている。それでは、これらの新しい動向や特徴とは何であろうか？

一つ目は価値観の多元化と複雑化である。多元化とは価値観の思想的基礎が多様化したことを指し、複雑化とは価値観が更に多様になり、把握しにくくなったことを意味する。改革開放以降、西洋の生活

原注8　《対新中国的看法》より引用《新政治家与民族》雑誌記者キャロル（K.S.Karol）サルトルへのインタビュー。『新しい政治家と民族』（*The New Staatesman and Nation*）所収、一九五五年十二月三日、七三七頁。

様式や社会思潮、理論学説、価値観念などが一気に中国に流れ込んできた。行動原則や思想意識、信仰体系が違うということが中国人にとって新鮮で魅力的だった。さらに儒家思想の影響力の衰退と相まって、少なからぬ中国人が外来文化とその思想的基礎に基づく価値観念を受け入れ、現代中国人の価値観は多元化と複雑化の様相を呈するようになった。たとえば、中華人民共和国成立から改革開放前まで、中国人は集団主義的な社会価値観を信奉していたが、改革開放以降は西洋の個人主義思想が浸透するにつれ、多くの中国人が個人の主体的意識、個人の利益の重視と尊重を強調するようになった。このような状況下で、集団主義の価値観はいまだ主流であるとはいえ、かつてない挑戦を受けている。

二つ目には、価値観の衝突と争いが増えたことである。この動向は当代中国人の価値観の多元化、複雑化と密接に関係している。以前は、多くの人が共通の土台である価値観を持ち、大方一致した価値観の原則を信奉していたから、社会が価値観を主導的に牽引しコントロールすることで、人々の価値観上の矛盾と衝突も比較的少なかった。しかし、今日状況は変わってきた。価値観はますます多元化、多様化し、個人の心理・行動に矛盾をもたらしただけでなく、人々の価値選択に衝突が生まれた。同じ一つのことや現象に対して、かつてあった比較的一致した価値判断基準は機能しなくなるか、あるいは明らかに機能が低下した。逆にことさら個性をうたい、個人の主体性を目立たせる自我価値観が人々の価値選択を支配する法則となり、人々の間に価値観念の矛盾と衝突が増えたのである。ある領域、ある方面では深刻な価値観念の争いが現れているほどである。

三つ目は、価値世界の幻想化と無秩序化である。価値世界はある特殊な精神世界であり、常に安定した基準と恒常的な法則が必要である。もし統一をうちたて先導していく価値法則を失えば、人々の価値観世界は混乱し､価値観は迷走してしまう。多元化し複雑化した価値観はある程度人々の思想を解放し、社会と個人に精神的活力を注入できるには違いないが、同時に負の面もみくびれない。つまり、それは人々の価値世界に幻想化と無秩序をもたらすかもしれないのだ。改革開放後、多くの中国人が物質的に豊かで贅沢になったあげく、精神と価値観にとまどい、価値選択に直面すると無力感に襲われ、行動の選択をせまられるとどうすればよいか分からなくなって、価値の世界は幻想化･無秩序化してしまった。

当然、改革開放のもたらした価値観の変化は負の面ばかりではなく、多くの面でプラスの影響力を生む。前に述べたように、人々の思想を活性化させ、思想の交流を促進させ、人々の思考を活発化させるのはその一例である。周知のとおり、思想意識は価値観の支配を受けており、価値観の表れである。改革開放以来、中国人は開放・自立・競争・効率・公平・契約・民主・法制・創造などの意識面で全般的に大きく進歩したが、その中には人々の価値観の変化が含まれている。この種の変化がもたらす意識変化は、国家建設や社会、個人の人格における現代化に利するものなのである。

第二章　生まれ続ける生存価値観

生存は生命の基本的価値であり、民族にとって生存は大仕事だ。古今を通じて生存問題を重視しなかった民族共同体も、国民の生存問題を無視できた国家もない。結局人類の存在と発展は、本質的になぜ、どのように生きるかという問題であり、言い換えれば人類は生き残れるのか、またどのようなやり方で生き残るのかという問題なのである。従って、生存は重要な価値領域を構成し、人々あるいは共同体がその存在の意義と方法を判断する際の根本問題となるのだ。

中国人は生命を重んじ、更に生命の価値を重んじる。生命と生存の問題については、それぞれ独自の弁証法がある。このような生と存、生あるいは死の弁証法の中に、中国人独特の生存価値観を見ることができる。中国文化の価値体系と中国人の魂の奥底にある「生」と「存」は、二つの非常に重要な概念であり、互いに緊密な関係にあって、中国人の生命理解を左右する内核を形成している。いわゆる生とはつまり、生命の創出と生命の連鎖であり、いわゆる存とはつまり、生命の存在を保つことである。中国文化体系においては、生命そして人生こそ最大の関心事であり、生命の存在と発展、ないしは人生の境地を究極の追求目標とするのである。そのため中国人の価値観念では、生命を尊重することと生命に素直に従うことが特徴で、人とその命の価値こそ中国人と中国文化の第一義なのである。生存は物質の領域だが、生存・生命の価値はすなわち精神の領域である。孟子曰く、「**命も守りたいし、義も守りたい。だがどちらか一方でなければならぬと言うのであれば、私は命を捨てて義を守る**」[1]（訳注1）。この言葉の中に、生命とその価値への熱い思いを感じ、生命・生存の意義をどのような原則で決めるのかを知ることができる。

一、中国人の伝統的天命観

今日まで伝え聞くことわざの中に、中国人がよく知る「人の命は、天が決める」（原文は、人的命、天注定）がある。何かうまくいかないことがあると、人は悔しそうにこの言葉を口にする。また快調に事が運んだ時も、やはり得意そうにこの言葉をつぶやく。このことわざは伝統的中国人の思想の中にある天命観を表している。この天命観の源の一つには、孔子の言うところの「宇宙の生」がある。簡単に言えば、人は命と運命を自ら握ることはできない。天が暗黙のうちに人の生命、寿命、運勢をコントロールしているのだという考え方、これが天命観である。伝統的意味で中国人の生命観とは天命観であり、それはまた人の生命と天命を関連付ける思考様式であり、基本的観念でもある。

先秦時代、偉大な詩人屈原が『天問』の中である素朴な科学的問題を提起している。「さても太古の初めのことは、誰が世々に言い伝えたか……（中略）明と暗とが、分かれたのは、これはいったい誰のしわざか……（中略）天は円くて九重《ちょう》というが、誰がそれを設計したのか」（訳注2）これは実際、天地がいかに開闢し、宇宙はどのように形成されたのかを問うものである。今日では既にこの問題に科学的回答を得ている。しかし当時としてはまぎれもなく最高難度の問題であった。自然や自我や社会に対する、先人が持っていたわずかな知識だけで答えを出すのは非常に難しかったことは疑いない。そこで、「盤古（中国の神話上の天地開闢の神）が天地を開闢してのち、女媧（三皇の一人伏羲の皇后、人面蛇身であったとされる）が土を丸めて人を造り、精衛鳥（『山海経』に出る伝説の鳥、炎帝の娘の生まれ変わり）がくちばしに挟んで石を運び、海をうずめた」といった神話的色彩に満ちた物語が生まれ、言い伝えられて、中国人の思想世界に根を降ろしたのである。人の想像から生まれたものであろうと、言い伝えの形で記述されたものであろうと、中国の上古（一般的に神話時代から漢代までを上古、唐代までを中古と呼ぶ）初期の人々の目には、このような神奇で偉大な人物達こそ、超自然の力を持つ天神であり、天の力の化身であり具現であった。彼らは天を表すものでありながら、人とも交わる。先人の頭の中ではそれが自然な選択だった。なぜなら先人には天のような偉大な力はなかったが、天神達と自分たちの存在とを結び付けることで、心のよりどころを求める必要があった。そのため、先人の頭の中では天と人が同居していたのである。

原注1　《孟子・告子章句上》第十章、梁海明訳注、一五八頁、フフホト、遠方出版社、二〇〇七年。

訳注1　原文は「生、亦我所欲也、義、亦我所欲也…二者不可得兼、舎生而取義舎也」邦訳は『中国古典文学大系三　論語・荀子・孟子・礼記（抄）、梁恵王章句上　一五〇』（二〇一頁、木村英一・鈴木喜一訳、平凡社、一九七〇年）を参照した。

訳注2　原文は「曰：遂古之初、誰伝道之？……陰陽三合、何本何化？　圜則九重、孰営度之？」邦訳は『中国古典文学大系一五　詩経・楚辞「天問」』（三二九頁、目加田誠訳、平凡社、一九六九年）を参照した。

人の力は自然から生まれ、人の命は天からもたらされる。このような観念は、人が自然との闘いの中で、自然の力の偉大さ、人間の非力さを感じたことから始まった。科学技術も未熟で人々の理解も足りなかったため、常に自然界から食糧を獲得せざるを得ず、人の生命は自然界の制約によって大きく左右されるばかりか、自然界からの授かりものに頼らざるを得なかった。しかし天である自然界は、人から大きくかけ離れていたわけでもない。天は人に生きるための資源と滋養を与えるだけでなく、人の願いに応じて恩恵を施すこともできる。天の道の規律に合致する限り、天と人は一体化する。このようにして天人合一の世界観は中国先人の哲学となり、このような哲学に導かれた生存方式が中国の伝統的天命観となったのである。

このような天命観にあっては、人と天は時に衝突したから、常に完全に一致するわけではなかったが、それでもやはり両者を分離することはできなかった。人と天は最終的に結合し、統一されるのだ。従って、宗教あるいは創生神話中の人物が神や天帝に完全に帰順するという西洋の思考様式とは異なり、中国先人の観念の中では、人と天は統一されている。人命は天命に背けないが、人の力は天に打ち勝つことができる。これがつまり昔の人が言う「人間の力は自然に打ち勝つ」(原文は、人定胜天)である。『尚書・泰誓』に曰く「**人は万物の霊長であり、天はわが民の目を通して見、わが民の耳を通して聞く**」(訳注3)。そこには人間を主体的に位置づけ、主体的な役割を担わせることに対する肯定が見てとれる。

伝統的天命観の中で主要な位置を占めるのは、天への崇拝である。昔の人々は、自然界が天界と人間界と地獄の三つに分かれていると考えていた。人々は自分が生活している現実の自然界の他にもう一つ天界があると信じていたのだ。そこには最高統治者である玉皇大帝（皇帝の尊称）とその妃、そして無数の神兵・神将、さまざまな神仙が暮らしている。人間界の大多数は凡人であり、俗世を生きている。徳のある人物だけが天界に昇って仙人になり、不老長寿を得ることができる。しかし一般の平凡な民は皆死に、悪人は地獄に落とされ罰を受ける。中国人の観念の中では、天界は美しく、人間界は平々凡々、地獄は醜悪で恐ろしい所である。俗世間の人が皆年老いて死ぬというのに、天界に昇れる人がいるということは、その人が幸福の王国に入り、あらゆる苦しみから逃れられることを意味する。地獄に落ちた人は、その罪の程度によって、来世で牛か馬にされて懲罰を受け続けるか、あるいは永遠に生まれ変わることができない。地獄から人間界へ、そして天界へと徐々に良くなっていく境遇は、俗世の人々に向上を目指す生命のパワー、つまり地獄に落ちずに、天界へ昇ろうとするパワーを与える。この目的を実現しようと、人は俗世で道徳、礼制度の規律を守り、たゆまぬ努力で良い方向に向かう機会を勝ち取り、最悪な結末を避けようとする。

道徳、礼制度の規律を決めるのは、天に代わって法を執行する権利を握った人であり、天の代弁者、すなわち天子である。中国古代では、皇帝だけが天子と呼ばれた。なぜなら、皇帝だけが天帝の子だか

訳注3　原文は「人為万物之魂、天視自我民視、天聴自我民聴」邦訳は『中国古典文学大系一　書経・易経「泰誓上」』（一六四頁、赤塚忠訳、一九七二年）を参照した。

らだ。天子は天の合法的代表者であり、天が人間界に送り、俗世界の統治と管理を行わせている人物である。その人物は天子という身分を誇示し、俗世を管理する恩恵を与えてくれた天に感謝するため、厳粛な祭祀を行う。人々は天命を恐れ、天の意図に従い、天子の統治に服従する。このような論理と虚構の権威を利用して、中国人の天命観のもと、皇帝は俗世界に降臨した裁決者となるのである。皇帝も人ではあるが、決して普通の人ではなく、生殺与奪の大権を握っている。中国二千年あまりの封建社会の中で、皇帝は凡人の生命と生存権を決定する最高権威だった。天の権威と後光に包まれた皇帝は、神から授かった俗世での権力によって、中国人の思想を統治し、目に見えぬ形で生命観をコントロールしたのである。

それでは、一般庶民はこの天からいただく生命をどう考えていたのだろうか。多くの中国人は、生と命はそれぞれ別ものであり、生はすなわち幸い、命はすなわち福だと見ている。人が生まれ落ちたことは偶然であり、天から賜った機会である。人の命も同様に天上から受けた恩恵の結果であるが、しかしそれは生きている間にする努力に意味がないということではない。言い換えれば、人が俗世で奮闘努力して得られるのは、運命を変えるきっかけと転換だけで、人が生まれたときに得ているもの、あるいは得ていないものは、基本的に自分の主観的な願望によるものではない。奮闘と努力によって変えられるのは生まれた後の変化に過ぎない。しかしこの後の変・不変も、伝統的な天命観からいうとやはり天が用意したものであり、天賦のものである。人は天があつらえた道にしたがって生命を全うしているに過ぎないのだ。このような宿命論は、いわゆる天の采配による封建統治に有利だったため、統治者に非常に歓迎された。二千年来のこのような天命観は、依然として部分的に中国人の頭に残っており、すでに主導的な価値観ではなくなったものの、今に至るまで完全に途絶えてはいないのだ。

中国社会には、いまだに裏街道をいく職業——易者が存在する。この稼業は中国ではすでに長い歴史があり、非常に流行した時代もあった。もちろん、西洋社会にもpalm reader〔手相見〕やfortune teller〔占い師〕といった類似の預言者はいた。しかし、西洋の預言者が主に未来を預言したのと異なり、中国の易者は未来を占って予言するだけでなく、人の前世も見る。さらに前世と今生、来世を貫いて、ある基準と価値によって人の運命の転換を見る。たとえば占い師があなたの前世は文曲星（占星術の用語、文芸の才がある人物）なので天賦の才能があり、才知を兼ね備えていると言ったとする。あなたは普通の人より聡明であり、文学・芸術などの才能と密接に関係する職業で成功するかもしれない。そう言って易者は、将来文運が開け才能が開花すると予言する。このような運命は天から賜るもので、あらかじめ定められたものだ。このような宿命の預言は、生命の中に根付き、暗黙のうちに生活と生存を下支えする価値観になる場合もある。したがってこのような運命を信じた人は、努力してよりよい結果を得ようとするか、あるいは努力するのをやめて単に「棚からぼたもち」（原文は、天上掉下美味餡餅）を待つ口実にするかになるのだ。

昔の人々が早くから「人定胜天」を声高に唱えていた上に、科学の発達と自然を改造する人類の能力や技術の向上に伴い、無神論さえも現れ、多くの人がそれを知るようになったのだが、しかしそれにもかかわらず「人にはそれぞれ命があり、富貴は天が決める」ことへの信奉は、切れ目のない鎖のようにずっと中国人の頭の中にまとわりついて、生命についての観念を生み構成し続けている。それでは、中国人はなぜ「天命」を重んじるのだろうか？　その原因には次の二つがある。

其の一、天命観は、人々の自然改造と天への対抗のプロセスで形成された。一般に人の力が天の力に及ばなかったとき、それは不可抗力で自分の能力を超え支配も制御もできないと考えて、人々は天命に従順になるものだ。天と天命に身を任せようという気持ちにさせられ、人々の魂は麻痺してしまうが、同時に屈服感の中に希望を見出す。上であげた例のように、人は自分が下界に下りた文曲星ではないとよく分かっていても、このような占いの嘘を信じたいと思い、ちょっとした優越感を覚える。

其の二、組織化された社会では、天命観は安定と秩序を打ち建てる助けとなる。天と命という至上最高の権威、その乗り越えがたい支配力は、一般庶民に恐怖と畏敬を感じさせることで、その思想と行為を制約する。このようにして社会は従順になり、背かなくなり、一致性が増し、差異性が減る。

中国の伝統的天命観では、人々は人智を超えた天の力があることを信じ、自分では制御できない天命に支配されていると信じてはいたが、自分の運命に立ち向かうとき、全くなすすべがないわけではなかった。事実、自然と外部の力というものを比較的科学的に多くの人が理解するようになってからは、天命を不変の法則、あるいは生命の「道」だと見なすようになったと思われる。このような不変の法則に直面したとき、人々は必ずしもだまって待つ必要はなく、積極的に適応してもよい。寿命を延ばすか、もしくは生命に更なる価値と意義を与えるためだ。そこで、高邁な境地にまで生命の価値観を追及する人は、精彩を放つ生命の「道」にプライオリティを置く。彼らにとって、生命はもとより尊いものだが、道義は更に得難いものなのだ。伝統的天命観はある意味で文化の反映であり、人が自然界との関係を読み解いた方法であり、同時にまた上古の中国人の思考様式と価値判断の表れである。このような思考様式と価値判断の背後には、中国人の生命理解への解釈と評価が隠されているのだ。

中国の伝統的天命観を貫く核心となる価値とは「生」である。「生」とは絶え間なく生まれ続けることであり、生命体が現れ、成長し、その生命が存続することを指す。中国人は「生」の観念を非常に尊重し重んじたので、早くからこの面での教えや評価が存在していた。「止むことなく生み出すことを易と言う」「天地の大きな徳とは生かすことを言う」（訳注4）という言葉が表す意義は、絶え間なく生まれ、変化し続けるという超普遍的な法則であり、人の生命、生活、生存もまた例外ではない。繁栄と生存のためには、人の物質的生命を存続させなければならず、人の精神的生命も存続させなければならない。しかし、物質的生命の存続のための努力は、寿命がつきればすべて失敗に終わる。但し精神的生命の存

訳注4　易経繋辞伝上・下に出る言葉。原文前者は「生生之謂易」、後者は「天地之大徳曰生」。邦訳は『中国古典文学大系一書経・易経「繋辞伝上・下」』（赤塚忠訳、平凡社、一九七二年）を参照した。

続のための努力は「徳を行い、功をなし、立派な言をたてる」ことによって不朽のものとなるのである。

伝統的な中国社会で、人々は天命を知り畏敬の念を抱きながらも、同時にまた天のさだめを恐れなかった。人は寿命を延ばすことはできないが、生命の価値の追求を通じて精神的な生命は存続させることができる。このことは、昔の人々が生命と天命に関わる大ばくちにさらされて探し当てた、矛盾解消の賢い道だと言わざるを得ない。中国人の生存の知恵の表れである。今日から見ても、中国人の天命観は、ほとんど妥当でないものはないのだが、一九世紀から二〇世紀にかけて中国にやってきた宣教師や思想家によって、中国以外の国と文化に向けて紹介された際には、往々にして笑止千万かつ愚かで遅れた生命観だと受け取られてしまい、評価する価値も見いだされず、賛同も尊重も得られなかった。当時の多くの宣教師が中国人の生命観を紹介した著作を見てみれば、このような反応が分かる。しかし注目すべきは中国人の伝統的天命観が中国の創世神話と関係している点であり、これは西洋人の生命観が西洋の宗教、神話の起源と関連しているのと同じだ。それらは中国と西洋の文化が生まれた時の生命の価値への判断を表すものであり、今日では取るに足りないように思えても、当時にしてみれば必然性のあるものだったのである。

二、現代中国人の生命観

現代は経済が発展し、社会が進歩し、科学隆盛の時代である。上古の時代から伝わってきた天命観の影が、現代社会に至って完全に途絶えたわけではないが、現代中国人は科学的貧困と技術の遅れによる無知から脱し、もはや伝統的天命観には拘らなくなっている。現代には現代の生命観、人と生命に対する解釈がある。当然、伝統的天命観と現代的生命観が明確に対立しているわけではなく、違いもあると同時に一定の関連性もある。

中華民族の思想に対する意識と中国人の精神世界では、生命重視は極めて重要な観念だ。そこには命が永遠に、あるいは長く続くことへの願望が見てとれる。しかし命が続くことにはいささか条件が必要でもあり苦難にも出くわす。どのような状況で命に異変が起こり、人々はなぜ命をあきらめるのか？中国の伝統社会では孟子が「生を捨て、義を取る」に触れた時に見られた生命価値観が、事実上人の生命・生活の価値選択を支配するものだった。今日でもこのような価値観念に包まれた魂は変わっていない。これは中国人の伝統的天命観と現代的生命観が連続する部分かもしれない。より明確にこの連続を見るために、次の文を引用しよう。

私も生命を望む。生命以上に望むものがあるから拘らないだけだ。私も死を望まない。死以上に避けたいものがあるから死を顧みないだけだ。生が望めても生きず、死を避けられても避けないことがある。この心は誰でも持っているが、凡人はそれをなくしてしまい、賢者は持ち続ける。（孟子）[2]

原注2　同書一五八～一五九頁。

この文章を読んで分かるように、生と死はどちらも価値を持つが、最重要の価値だと見なしていたわけではない。もし最高の価値があるならば、それを実現するために、人はその他のことすべてをあきらめるだろう。もし生と死に最高の価値がないのならば、それを棄てることも可能になる。孟子は生と死より重要なものがあり、それは「義」だといっている。中国の伝統社会で、封建統治者は仁、義、礼、智、信など多くの徳目を打ち立てたが、その価値の重要性は生死をも超越していた。これらの徳目は肉体の存亡を超えた内なる価値となり、社会教化の手段となった。まさに孟子が言うように、有徳の賢者が利を求め害を避け、生命という最高の価値を追求しようという心を持っていたなら、一般庶民もそうしただろう。昔の人々は、大義のために生死を度外視することもあり、生死のためにあらゆる手段をとることもあった。その点、今日の人々はどうしてそうならないのだろうか?

本章の冒頭で述べた通り、生命への理解は民族あるいは集団の第一義的な価値観を表しており、その民族・集団が自身の生存価値について下す第一番目の判断である。私たちは伝統社会に生きる中国人が持っていた天命観について、今議論したばかりだ。この天命観は、人の生命というものは自己の外に存在する超越的な価値だと信じるものだ。この超越的な価値は人間自身が掌握し実現するものではなく、天によって定められたものである。早い時期に渡来し、中国の社会と文化を観察した外国人は、中国人の宗教と価値観を評価して、中華民族の思考様式と精神構造には迷信がはびこっているようで、伝統的天命観も疑わしいという人が少なくなかった。しかし、迷信は決して中国人が真に追い求めたものではないことは指摘しておきたい。天命を信じる中国人は少なくなく、今日でもそうだ。但し決して一〇〇%心服した純粋な厚い信仰心ではなく、ある意味で生命への畏敬なのである。

中国人は神の存在を信じるが、人それぞれ信じる神は違う。宗教的信仰から判断すると、伝統的中国人は汎神論者と多神論者である。ということは、中国の宗教全体は西洋社会のような唯一神によって構成されてはいない。また中国人の生命プロセスを貫く統一的宗教があるはずもない。それは天命とその結果についても同様である。もし天命が決めたものがうるわしい幸福ならば、あらゆる中国人は喜んで受け入れるだろう。しかしもしさだめが災いと困難であれば、現代人はかつての伝統社会の人々のようには運命を甘んじて受け入れたりしない。現代社会ではそうたやすく逆境に甘んじ、罰を受け入れる者はいないのだ。そのような時には、人は天に勝つという観念が風上に立つ。災厄や逆境に出会ったとき、現代中国人は手をこまぬいてはいない。反抗し、戦い、天命の中に自らの救いと解放を求めようとする。これも現代中国人が生命に関わる観念の中で「天」への崇拝を失った証拠であり、伝統的中国人の天命観との違いである。

苦難の天命からの救いと解放を求める思想は、伝統的中国人においては当たり前だったが、現代人においてはそれほど当たり前ではなくなった。中国人は上古から現在までずっと命を大切にしてきた。民間のことわざの中で人はよく「死んで花実は咲かぬ」（原文は、好死不如頼活着）という言葉を口にするが、それは生存と生命を大切にする心を十分に表している。当然、生命と生存には常に目的があり、ある意義のために存在しているともいえる。このような目的あるいは意義は、外在する物質的目標かもしれないし、内在する精神的要求かもしれない。中国文化の伝統では、唯一命を犠牲にしてでも得るべき価値はすなわち「義」である。従って中国人の伝統思想の中にいにしえからあったのは「命を捨てても義を取れ」という価値選択である。しかしそれは人為的な教育体系の中で行なわれた、特定の目的のための、命は惜しむに足りず、死ぬ方がましだという別次元の訓話でしかなかった。

事実、生命尊重の第一原則は、命を軽々しく捨てることをよしとせず、もし生きる希望とチャンスがあるなら、死を選択しないことだ。死は滅亡を意味し、自ら死を選択することを端的に言えば「自ら亡びを選ぶ」（自取滅亡）となる。**中国人の言葉の体系と思想や観念の中では、自取滅亡はあり得ないどころかある意味、生存のタブーですらあった。**人がこの世に生まれ落ちて、幸運と順境に出会えば万々歳だが、もし災厄と逆境に出会ったなら、すべきことはあきらめではなく闘争である。闘争とは天命のもとで自らの救いと解放を実現することを意味するからだ。このような時中国人にもっとも説得力があるのは「天は人に勝つ、しかし人もまた天を打ち負かす」という言葉だ。

当然昔の中国人の伝統的天命観と比べ、現代中国人の生命観は大きく変化している。中国人の生命観を変えたもっとも根本的な原因は、人生観の変遷である。ある時代にはその時代特有の人生観があり、人は時代の影響を受けてそれぞれの生存の目的と発展の目標を持つようになる。従って生命の意義と価値にも異なる判断が現れてくる。哲学者張君励（一八八七〜一九六九年。政治家・哲学者。中華民国憲法の父と称される）はかつて人生観の問題に強い関心を抱き、次のように言っている。「同じ人生といってもそれぞれ着眼点が異なれば考え方も異なる。故に古今天下、もっとも統一からほど遠いのは人生観以外にない」（訳注5）。人生の発展と存続は周囲の環境の影響を受けるし、人々の人生への見方も内外の要素により異なる。伝統社会と現代社会の違いや、人々が生きている状況と生命の意義への判断が、現代中国人の生命理解に、あきらかにかつてとは異なる変化をもたらしている。

現代中国人にしてみれば、生命はすでに伝統社会の天命と同じではなく、生を受けることは、偶然と必然の結合ではあっても、もはや天の恩恵ではない。命を天からの賜りものとしていたかつての観念は、現代科学技術の解釈と証明のもと、すでに自然や生理的、社会的本質へと帰着している。生命はもはや天の功績ではなく、生命体それ自身の権利なのだ。同時に人は一度生命を得ると、生存の権利を勝ち取ると同時に生命が担うべき義務も負ったことになる。このようにして現代人の思想や観念の中では、生命は生存の権利であると同時に義務ともなり、権利と義務が表裏一体となる。まさに生命は現代人にとって享受と責任の両方を意味することになるのだ。現代中国人の観念の中で、個体の生命はもはやかつてのように天に属するのでもなく、完全に君主のコントロール下にあるわけでもない。「君主が臣下に死ねと言えば、臣下は死なざるをえない」といった場面は二度と蘇らない。現代人の生命権は尊重され、

訳注5　原文は「同為人生、因彼此観察点不同、而意見各异、故天下古今之最不統一者、莫若人生観」

保護を受けるべきものなのだ。個体の生命は、自分自身が尊重すべきなだけではなく、社会と他人からの尊重をも勝ち取るべきものだ。人の生命と生存は、尊厳だけでなく自由も獲得したのである。

現代の中国人にとって、依然として生命は生きるプロセスではあるが、生きるとは、独立し自由に尊厳をもって生きることである。生きるプロセスは生命の権利を享受する過程であり、生命の義務を果たす過程でもある。各過程には請求と奉仕がある。請求とは人々が社会と他者から、得るべき物質的報酬や精神的励まし、栄誉を獲得することであり、尊厳をもって尊重を受けることである。奉仕とは、人が他者と社会から尊重と恩恵を受けたときに、それと同じように他者と社会にできる限りのお返しをすることである。そこには物質的奉仕もあれば、精神的奉仕もある。

伝統的天命観を信奉した古代中国人とは異なり、現代人はすでに天地についての迷信から脱し、理性的に考えることによって生命と生存のプロセスをつぶさに見るようになり、自らが創造的で豊かな生命の主であると信じている。かつては期待をこめていた来世への考え方は、もはやそれほど重要でないばかりか、人の生命の希望ですらない。人々が重視しているのは現実であり、いきいきとした生存のプロセスなのだ。生命の創造は、もはや来世をより素晴らしいものにするためでも、天に昇るためでも、また来世の栄耀栄華を得るためでもなくて、現世での豊かさと素晴らしさのためにある。現代中国人は生命の意義という難題の追求から完全に抜け出たわけではないが、生命の起源と過程を理解した以上、もう昔と同じではない。それゆえ現世での体験と会得を重んじ、現世の美しさを見出すことに長じているのである。

伝統的天命観と比べ、現代人の生命活動の中では価値選択はより自由に、多元的に、柔軟になった。生きることを実現していく方法の選択権も、確実な社会的保障を得た。それと同時に政府と社会の生命権に対する尊重と保障度はますます高まった。生命権において主要な位置を占めるのは生存権と発展権だが、生存権と発展権は、生存の条件と状況の改善が土台となる。改革開放以来、中国の経済は目覚ましい成功をおさめ、十数億人の人口全体が貧困から脱し、人々の生活水準と生命の質も次第に改善されてきた。これは人の生命権の尊重をもっとも直接的に実現したものである。二〇一二年六月、中国政府は『国家人権行動計画（二〇一二～二〇一五）』を発布した。これは我が国で二つ目の、専ら人権向上をテーマとした国家行動計画である（一つ目は『国家人権行動計画（二〇〇九～二〇一〇）』として実施された）。この計画は、より良い生活を送りたいという中国の各民族人民の新たな期待に応え、引き続き生存権と発展権の保障を首位に位置づけ、経済・社会・文化における権利の保障水準を確実に引き上げようとするものである。現代中国人の生命観の変化は、生命を保障していく作業と計画を推進する原点でもあり、その実行・支援と切り離すことはできないものだと言える。まさに社会的、政策的、制度的な保障によって、中国人の生命への意志と生存への決意はついにかつてない改善を得るに至ったのである。

三、中国人の生存価値観

シンプルに言えば、生存価値観もつまりは生命とその発展の根本的な観点であり、見方である。生存価値観の出発点は、人の生命がいかに獲得され、どのような法則に従って生きているのかといった問題についての思想である。私たちは生と死が生命循環の二つの点を表していることを知っている。生まれるということは生命の始まりであり、生命の発展プロセスもつまりは生命の存在プロセスである。死は生命の終結を意味する。無神論者からすれば、死は一切の終結を意味する。つまり「死んでしまえば万事は空」（原文は、死去元知万事空。南宋、陸游の詩『示児』に出る句）である。しかし有神論者あるいは宗教を信じる人からすれば、死は生まれ変わりか、または新しい生命周期の始まりを意味する。このような宗教的認識にたてば、生は始まりを意味するが、死は必ずしも終結を意味しない。従って生存の価値について語るなら、まず触れるべきは一民族や集団あるいは共同体が、生命をどう見ているか、生命をどう考え、評価しているかが問題である。なぜなら生命の過程には価値選択があるからだ。生命観は生存価値観の一つであり、生命問題に対する根本的な見方である。生命は生存の前提であり、生命あってこその生存なのである。しかし、必ずしも生命の獲得が生存の内容のすべてではない。人は生命を得ることで生存の第一条件を満たすが、その後の生命のプロセスで多くの対象、事物、カテゴリーが特定の価値観を生んでいく。このような価値観の総称が生存価値観である。**生存価値観の及ぶ対象は生命観に比べれば非常に豊富で、内容も極めて複雑である。**

一つの民族、国家、社会集団がとこしえに生存し、発展したいと願うなら、必ず一つの支配的な価値観を必要とする。これはあるいは人類の発展と進歩の歴史が私たちに与える重要な啓示の一つかもしれない。異なる国家・民族は異なる時代において異なる思想・価値体系を信奉するだろう。内容、表現形式がどうあれ、また人々の思想と信仰の体系に順調に根付くかどうかに関らず、この思想・価値体系は欠くべからざるものだ。それは国家・民族・社会の安定・団結・統一に関わるだけでなく、時代の秩序を左右し、文明の変革に影響を与える。フランスの思想家ル・ボン（Gustave Le Bon 一八四一～一九三一年。フランスの心理学者、社会学者、物理学者）は、その見方の証左となる啓発的な言葉を述べている。彼は言う。「文明変革の前に起こる大激動、たとえばローマ帝国衰退やアラブ帝国の成立は一見すると政治的変化、外敵の侵入、あるいは王朝の転覆によって決定的になったように見えるが、しかしより細かく見てみると、表面に現れた原因の背後に、人民の思想の深刻な変化を見ることがよくある。真の歴史的大激動というものは、必ずしも人の度肝を抜く大規模で爆発的なものとは限らない。文明が新たな姿を見せる唯一の重要な変化は、人々の思想や観念、信仰に影響を与える変化なのだ」[3]。人の思想や観念、信仰の変化を引き起こす外在の要素は多いが、人の価値観体系を変え、あるいは人々の生存価値観を根本的に変化させるものこそ、重大な変革をもたらすのかもしれない。

西洋文明社会は何千何百年と発展を続けてきたが、その間に社会形態の転換、新しい思想や観念が絶え間なく生まれてきた。長期封建統治にとって代わったのはブルジョワジー主導の革命と新しい社会の

原注3　〔仏〕ル・ボン、《乌合之众：大众心理研究》、五頁、桂林、広西師範大学出版社、二〇一一年。

創造であり、欧州の啓蒙時代以降、人々の思想や観念は特に価値観体系において、ゆるやかに変化していった。フランス革命によってもたらされた自由・平等・博愛の思想は、待ち望まれた近代以降の西洋ブルジョアジー革命が勝ちとった価値観の旗がしらとなった。この旗がしらを掲げ、ブルジョア階級は新時代を開く革命の先鋒となったのである。無数の一般庶民はといえば、新生ブルジョア階級の価値観体系を受け入れ、新時代の新生活を受け入れた。生活の糧を投げ打ってまでそうしたということは、長期的な生存・発展の観点からみれば、ブルジョア階級の提唱した上述の価値観が、資本主義社会の発展を待ちのぞむ内なる思想を突き動かすエネルギーとなり、人々が従い、信奉する生存価値観となったことは疑いない。数百年来、資本主義が創造してきた文明、資本主義社会の人々が従った思想と行動原則が、資本主義社会で主導的地位をしめる生存価値観と密接な関係にあったことは明らかである。

中国人は英知に富む生存の知恵を持ち、生存の発展を志向する人々であり、中華民族は悠久の歴史、豊富な経験、深遠な思想を持つ民族である。二〇世紀初頭中国に住み、中国の歴史と社会、生活をシビアに観察したアメリカの著名な社会学者E・A・ロスは、中国人と中華民族についてかつて以下のような議論を展開した。悠久の歴史、複雑な経験をもつ中華民族は「新興民族のように過激ではなかった。効果的に前進することを心得ていただけでなく、歴史の前進を後押しするさまざまな要素に精通し、安定した信仰と思想を形成した。……この民族の発展には目的があり、計画的であり、ただ一時の衝動にかられたものではない。それはさまざまな刺激を民族の意志と融合させていく。

その意志力こそ民族の歴史発展の推進力なのだ」。[4] ロスのこの言葉は非常に筋が通っている。歴史と思想・文化を蓄積した民族と安定し信頼できる品徳のある人々が、進歩の原動力だと見なした意志の力を、彼は見たのである。エネルギーの源泉は安定した思想と信仰にあると彼は考えた。私たちの言葉でいえば、このような思想と信仰は、実はその民族の持つ、信頼し実践するに足る価値観なのである。

何千年もの間、中国人が信奉してきた思想における価値体系の中で、もっとも代表的で典型的なものは、まちがいなく儒家の価値観体系だろう。秦の始皇帝が六国を統一し、漢代に儒家の思想が統一されて以来、ときに新思想の侵入に遭いながらも、一貫して儒家思想が思想や信仰の主導的地位を占めていた。儒家が説くのは三綱（君臣・父子・夫婦の道）五常（仁・義・礼・智・信）の倫理、特に仁、義、礼、智、信の価値観念であり、それは中国人の思想と魂の奥深くにしっかりと刻み込まれて、人々の思想と行動の様式を導き決定している。儒家の価値の法則はゆっくりと形作られてから長い時間をかけて影響を与え続けた。その影響は幾久しく深く広く及び、現在でもやはりとぎれない鎖のように、中国人の頭と心の上に緩くかぶせられている。

時は移り、時代は変わった。中国社会で数百年にわたり発生し経過してきた大変革は、社会形態への

原注4　〔米〕E・A・ロス、《変化中的中国人》、五五～五六頁、北京、時事出版社、一九九八年。

革命にとどまらず、思想・文化の革命でもあった。二〇世紀初頭から、先覚者である知識人集団が打ち出した「民主」「科学」というスローガンの下、中国人は現代化実現の道をひたすら追い求めた。中国共産党の人々は中国革命を率い、中国社会の近代化推進の途上、卓越した貢献を成し遂げた。中でも思想・文化上に果たした重大な貢献は、マルクス主義という思想・信仰を中国人の間に広めたことだ。これは恐ろしく困難な道のりであり、未曽有の難関であり挑戦であった。今日、中国人の思想・文化を全体的に見ると、マルクス主義によるイデオロギー、儒家の伝統による民間の世俗的価値、そして西洋思想による知識・文化思潮の間で、日増しに融合・補完・修正が進んでいる。それ以外にも多元的な思想・文化潮流がわきあがり相互に交じり合っている。

多元的な思想・文化潮流の影響下にあって現代中国人の生存価値観は疑いなく多様化した。そのうち多くの中国人が信奉する主導的な生存価値観といえるものをあげるなら、以下の三つだろう。

一つ目は、発展である。いわゆる発展とは、前述した「生」の価値観である。人々が考え、行動するすべての根本となる目的――「生」である。この「生」は生存でありまた発展であり、命の延長だけでなく生命活動の成功と成果も含んでいる。現実生活において、人の生存目的と目標は、発展できるということである。自分の立てた人生設計が予期した効果をあげるよう、自分のとった行動が予期した目的に到達するよう願う。発展は中国人の生存価値観の第一の仕事である。一般的状況下で生存の規律や原則に合致する限り、人々のあらゆる思想と活動にはすべて発展性があり、また発展への思惑を持っているものだ。

二つ目は調和である。調和は中国の思想・文化の特質であり、一貫した信仰である。古代中国人が信奉した「仲良くすることは大事だ」（原文は、和為貴、『論語・学而』に出る句）「人心がやわらげば争いがなく、人が減ることはない」（原文は、和無寡、『論語・季氏』に出る句）という観念は、現代中国人の生存価値観の中に依然として深く根を降ろしている。中国人は、調和してこそもっとも良い生存状態ともっとも良い発展環境が創造できると信じているからだ。調和を第一とする生存価値観は、衝突を避け、矛盾を解消し、皆が等しく利益を得られるようにするのに有利であり、そして生存を維持し継続して発展していくのに有利だ。現代中国においては調和のとれた社会を構築するという理念が人の心をつかみ、最大多数の大衆の支持を得ているがそれは、中国人が終始調和というものを信頼し期待し、重要な生存価値観の一つとして尊重しているからだろう。

三つ目は幸福である。発展、調和と同じように、幸福も中国人の重要な生存価値観であり、生存活動の中で追求する重要な目標となる価値だ。ドイツ人学者ウォルフガング・バナー（Wolfgang Baner 一九三〇年生れ。ドイツの漢学者）はかつて中国人の幸福感について議論し専門書を著した。彼はこう述べている。「中国という国は偉大な人民を擁する偉大な国である。ある伝説的人物のように中国は生まれつき老成しているのだという人もいるかもしれない。たとえそうでも、中国は常に生まれ変わっている。ときには深く眠りこんでいるが、意識を失ってはいない。四、五千年の長い歴史を通して自らどんな幸福を求めるのかを考え抜いてきたのだ」[5]。事実、大多数の一般庶民が人生に幸福を求めるのは、もっとも普遍的な価値選択である。昔から今に至るまで、中国人が幸福を考える時には、常に物質的豊かさに偏りすぎず、魂の祈りや精神的欲求を特に重視してきた。当然魂の祈りと精神的欲求にも限度がある。いわゆる「**福を求めず、楽しい気持ちを保つことが福を招くと考えよ**」[6]（訳注6）が言っていることは、福は無理に求めるのではなく、楽しい心持ちでいることこそが人生の幸福を求める根本的な態度なのだということだ。中国人がよく言う「運命を信じてあれこれ悩まない」（原文は、楽天知名）とはつまり、意識的に欲望と要求を抑え、精神的欲求が膨れあがるのを防ぐということである。これがつまり、幸福を逃さず、追求する根本的な道なのだ。

四、中国人の生涯学習観

学習は生存への道であり、生存条件を改善し、生存と発展のチャンスを得る重要な手段である。上古の時代から、人類は学習することで生存・発展してきた。原始社会においては労働技能や生活技術を学び自然の脅威を克服する手段を学ぶことで、生存を維持しなければならなかった。学習する中から創造と革新を学び取り、生命の継続と生存・発展のための基礎を築いた。階級社会においては生産、生活、闘争を実践する中から生存と発展の方法を学び、創造と進歩の経験を積んだ。人類の存在と発展は常に学習から切り離しては考えられない。学習から離れれば人類は足踏みしてしまうどころか、後退して滅亡するかもしれない。これは明らかな道理であって、いかなる皮膚の色、種族、地域であるか、いかなるタイプの社会形態であるかを問わず、人々が共有する歴史が証明している道理なのである。

学習は生存方法の一つであって、事に対処する姿勢であり、進歩への扉である。英国の著名な詩人シェリー（Percy Bysshe Shelley　一七九二〜一八二二年。英国のロマン派詩人）はかつて、学習すればするほど自分が貧弱に感じられると述べた。全く新しい事物やよく知らないことに直面した時、謙虚な究学の態度で、科学的方法によって無知を既知に変え、知識と認識の行き詰まりを解決していく。これは進歩を追求し自分の意志を強固にしようとする表れに違いない。人類社会の歴史における無数の例から分かるように、学習に長じた人や集団というものは、常に進取の気概を捨てず進歩し続けるという状態を保つことができ、また発展の機会を勝ち取ることができる。しかし学習が苦手で、怠けて生きる集団の方は、結局淘汰されていくことになるのだ。

昔の中国人は学習を非常に重んじ、生涯を通じて懸命に学習した。学習してこそ知識が広がり、学習を続けてこそ不足を知り、問題のありかが分かる。だからこそ昔の人々は倦まずたゆまず学び続け、学びて時にこれを習う（『論語　学而』に出る句）ことを提唱したのだ。叡智に溢れた価値判断だというべきだろう。学習は才覚や学識、知恵、能力を伸ばす基本的手段であり、人々の生存と成長、そして人類が

原注5　（独）ウォルフガング・バナー《中国人的幸福观》前言五頁、南京、人民出版社、二〇〇四年。
原注6　明朝の洪応明《菜根譚》琮頊訳注、四〇頁、フフホト、遠方出版社、二〇〇七年。
訳注6　原文は「福不可徼、養喜神、以為招福之本而已」

生き続けることを保証する実践の道だからだ。中国では学習を重んじ提唱する名言、ことわざ、事例は枚挙にいとまがない。これを見ても、**学習を熱望し学習に勤勉に励むことが、中国社会の重要な思想・文化の伝統であり悠久の歴史の中で形成されてきた生活習慣である**ことがよく分かる。この点は中国人の共通認識であるだけでなく、西洋人も共感するところだ。一七世紀、二十一年の長きにわたり中国で生活を送ったドミンゴ会（一七、一八世紀にアジアで活発に宣教活動を行ったカトリック教の団体）の宣教師ナバレッティ〔Domingo Navarrete〕（一六一〇～一六八九年。スペインの宣教師）は、中華民族の学習の伝統を仔細に考察し、中国人の学習習性をつぶさに観察した。彼は盗灯（隣家のあかりで書を読む）や蛍雪（蛍や雪明かりで勉強する）といった故事を引き、学習を好む習慣を記述している。その中に非常に詳細な真に迫った描写があるので、抜き出してみよう。

> 中国の学校の数ある長所の一つは、休日が非常に少ないことだ。一年間で八日もなく、基本的に休暇はない。学徒たちは寸暇を惜しんで勉強し、その多くが法律や歴史、道徳の研究に人が羨むほど専念し、質の高い優雅な論文を書く。人が想像できる最高に優美な筆致と学識で問題を立証したり精彩を加えたりする。もしヨーロッパが彼らのようであったらどれほどよかったか。なぜなら彼らは、中国ではもっとも荘重かつ上品で徳のある人々だからだ。町角で一人沈思黙考する非常に穏やかで上品な人を見れば、その人が学徒である事は誰の目にも分かる。このような重々しさや落ち

着きは幼い学徒にさえ表れるのだ。私は日頃よくそのような人々を見かけたり観察したりしたが、微塵も違和感を感じなかった。中華民族はことほどさように学問を愛しのめりこむのだ。道端で車や籠に乗りながら書物を手離さない人を見かけるし、町でしばしば見る官吏も同様だ。商人や店の主人もカウンターの後ろに座って本を広げている。[7]

中国人が学習を生存の方式、条件、内容だと考えることにユニークな生存価値観が現れている。このユニークさは二つの面に現れる。まず世俗的な面から見れば、中国古代どころか今日に至るまで、学習は依然として中国人の生活の条件、就業の機会、運命の変革、生存の方法を獲得する重要な手段である。たとえば古代中国では貧しい生まれの人であっても、科挙の試験に通れば身分や運命を変えることができたが、今日でも学習はやはり似たような効果を持っている。運命の変革と生存の方法のために学習するというのは、学を修めること自体が非常に実学的にとらえられていたことを表している。次に精神面から見れば、人を感化する文化の影響力を重く見て、学問、知識、文化が人の思考力を養い、道徳の修養を向上させ、存在と発展の精神的境地を高めると考えているのである。

中国人の精神性の追求においては、生存の最大の価値は「道」を会得することにある。「道」とは事物、

原注7　〔英〕レイモンド・ドーソン《中国变色龙：对于欧洲中国文明观的分析》二六一頁、北京、時事出版社、一九九九年。この書の付録、閔明我の評論に見える。

生命に内在する法則であり、学習し続けることこそ「道」を得る方法なのだ。「道」は極めて奥深い。従って、道を求め、道を学び、道をひろめるプロセスは遠く果てしない。だからこそ学んで道を得、学んで道をひろめるという精神性への欲求は、また生涯やむことがないのである。道を学べば学ぶほど、広めれば広めるほど、人の精神性は高まり、求道の境地は深まる。もし絶えず精神性の法則を追求できたなら、人生の重要な意義と価値は実現したことになり、人生の目的も達成したことになる。おおまかにいえば、時にはもっとも単純な生活や事物の中に深遠な法則があることも当然あるだろう。だからといって学習しなくてもよいというわけではなく、むしろ同様に深い悟りと高邁な叡智、学習に費す努力が必要となる。しかもこのような法則が得られれば満足感と充実感が得られるのである。

もちろん中国の古代では、名声財産、立身出世、高位高官を求めて学ぶことが、多くのインテリにとって生活と学習のエネルギーであったかもしれない。これが前述した世俗的追求を目指す多数派の価値観である。しかしこのような追求もまた多くのインテリを学習の持続、不断の努力へとかりたてたのである。当然、このような学習は真の意味の生涯学習とはいえず、世俗的目標のために仕方なく行う、限りある不自由な学習である。そのため世俗的目標を達成すると多くの人は学習をやめてしまい、一転して中国特有の政治・社会体制と秩序のままに行動し生きていこうとするようになる。しかし凝り固まった政治・社会体制の中では、生涯学習への後押しも支持もない。それが中国伝統の学問と学習体制の限界であろう。

現代中国の思想・文化の観念には、深遠な影響力を持つ教育上の認識――人生とは奮起前進であり、創造にこそ価値がある――がある。これは伝統の価値観念の中にある学習に対する認識の延長線上にあるだけでなく、現代人の生涯学習観の思想的基礎でもある。もちろん現代中国人の生涯学習に対する認識は、世俗的目標を考えて生きるという認識から完全に抜け出せてはいない。しかし生活条件が改善されるにつれ、特に衣・食・住・行など物質的・生理的欲求が満たされ、もはやそれで生存が危うくなることはないという条件の下では、生涯学習の追求が精神性の欲求へとますます昇華されてきている。**現代人にとって生涯学習はすでに生活・生存様式となっており、ただ生きるために生きるという一方向の生き様を超えて、人々は自由かつ全面的に発展する生存様式を手にしたのである。**

現代中国社会では生涯教育を重視し追求しようとする気運が次第に醸成されてきている。それは、中国共産党が思想、政策、制度、実践の各面から生涯教育を推進しようと行なった努力が、ある程度功を奏したといえる。一九九三年、中国共産党中央、国務院が発布した『中国の教育の改革および発展についての要綱』（《中国教育改革和発展綱要》）は、中央政府が初めて正式に提起した「生涯教育」の概念である。一九九五年全国人民代表大会が採択した『中華人民共和国教育法』第十一条には、「国家は社会主義市場経済発展及び社会の全面的進歩の必要性に対応し、教育改革を推進し、各段階各種の教育の均衡のとれた発展を促進し、生涯教育体系を構築、確立する」と規定している。第四十一条には「国家は、学校及びその他の教育機関、社会組織が措置を講じ、公民に生涯教育を受ける条件を創造することを奨励する」（文部科学省公式ホームページの訳文より）と規定している。一九九九年一月一三日、国務院が転送を批准した（下級機関からの報告に回答を与え別の機関に転送を許可すること）教育部『二一世紀に向けた教育振興行動計画』（《面向二一世紀教育振興行動計画》）〔一九九八年一二月二四日発布〕では「生涯学習システムを一歩一歩建設し完全を期し全国民の素質を高める努力を行」い、「二〇一〇年までに……生涯学習システムの基礎を構築する」としている。二〇〇一年五月、江沢民元国家主席はアジア太平洋経済協力会議（ＡＰＥＣ）エネルギー建設サミットにおいて、次のように提起した。「生涯学習体系を構築し、学習型社会を創建」した後、教育体系の刷新を推進し、生涯学習の需要に適応する学習型社会を徐々に形成し、人民大衆の多様化した学習需要を満たすことを、党と国家の教育発展、社会建設の重要な戦略とする。二〇〇二年、中国共産党第十六回全国代表大会報告は「全国民学習、生涯学習の学習型社会を創出し、人々の全面的発展を促進する」[8]ことを強調した。二〇〇七年、中国共産党第十七回全国代表大会報告は「遠隔教育と継続教育の発展、全国民学習、生涯学習の学習型社会を建設する」[9]ことを再度提起した。二〇〇九年、中央政治局常務委員会委員、国家副主席、中央党校校長習近平同志は、中央党校開校式のスピーチにおいて、現代の学習の重要性に対する認識について、学習は文明伝承の道であり、人の成長のはしごであり、政党の強固な基礎であり、国家隆盛の要であると体系的に述べている。これは中国共産党の生涯学習への認識を示すだけでなく、当代の中国人に生涯学習を強化する必要性と重要性を示したものである。

人類の生存には一定の法則、一定の指向性がある。民族や種族が異なれば、それぞれ自らが認めた法則と指向性に従うため、異なる生存価値観を創造しそれに従うことになる。中国人は生命を信じ、重んじ、大切にする集団であり、生存価値観において、生への意志と願望は際立って強い。繁栄と発展のために、生き続けるために、中国人は学習し、創造している。そしてまさに学習し創造しながら、輝かしい歴史を生み出し、活気と光明に満ちた未来を迎えているのだ。

原注8　江沢民《全面建设小康社会 开创中国特色社会主义事业新局面》二〇頁、北京、人民出版社、二〇〇二年。
原注9　《中国共产党第十七次全国代表大会文件汇编》、三七頁、北京、人民出版社、二〇〇七年。

第三章　国家至上主義的な政治価値観

古代ギリシアの思想家アリストテレスはかつて、**人は生まれながらにして政治的動物だ**と言った。この言葉は事実上、人が政治的人間としての属性を基本的に備えていることを言ったもので、人間が社会集団と政治集団を組織する特質を持つことを表現したものだ。政治活動に携わることは、人が集団として社会化していくことを選択しているのであり、それは人類史上早い時期に出現した氏族社会に、すでに存在していた。中華民族は世界の文明の中で比較的早く国家制度と政治体系を形成した集団である。長きにわたる歴史の発展過程で、数十回の王朝交替、何千何百の政治闘争を経験したため、中国人はこと政治という点に関しては目新しさを感じない。それどころか早くから政治に関心を持ち、政治について議論し、政治に参加してきた。中華民族が伝承してきた書物『論語』には、政治についての質問や統治に関する記録が多い。社会の組織・機構と政治の発展過程が特殊だったことから、伝統的中国社会は家と国が同じ構造となるモデルを踏襲し、国家至上主義的な政治価値観を形成してそれに従ってきたのである。

一、天下国家と統治

中国人の政治価値観について考えるなら、中国社会に見られる家と国の観念を把握することを出発点とすべきである。長く続いた伝統社会で家・国同構、家・国一体とする思考モデルと認識や観念が形成されてきたため、家と国の関係を理解する際、中国人は二者を一つに合わせて考える傾向があり、厳密には分けない。両者を絶対的なものとして対立させることは更にしない。また中国人の念頭にある政治の本質では、家を治め国を治めるという二項を切り離すことは難しい。そこで中国人の政治価値観を理解する際は、家と国の関係から始める必要がある。頭の中の家と国の位置付けと序列はおろそかにできない。今に伝わる数々の名言の中に、中国人の脳裡にある家と国の関係に言及したものは数多くあるが、その中でも有名なのが『管子・牧民』にある「**家は家の、村は村の、国は国の、天下は天下の求めに従って治めよ**」（訳注1）という言葉である。この言葉は胸に溢れる愛国心を表すと同時に、中国人が家と国の関係をどう見ているかを考えさせてくれる。

二〇〇九年、新中国成立六十周年を祝う数多くの歌曲の中に『国家』（作詞王平久、作曲金培達、ジャッキー・チェンと劉媛媛が歌って話題になった）という歌があった。歌詞は次のようなものだ。

一つの中国　一つ瓦屋根の家
国は大きいと言うけど　実は一つの家

胸一杯に国を思い、家をこの手で支える
家は一番小さい国　国は幾千万の家
世界の国は　天下の家
強い国があってこそ　豊かな家がある（訳注2）

この歌は中国人の心の声を歌い上げており、頭の中にある価値観念体系における国と家の関係を表している。

中国人の心の中の家は、非常に親しみ深い安住の地であり、情に満ちた概念でもある。前述したように家の旧字体は屋根の下で家畜と生活する人の意を表す。この文字は実際もっとも早く中国人の頭にあった家の観念に由来する。つまり屋根の下で生活すること、人がいて家畜がいること、屋根は雨風を避けることができ、家の中の生活は安らかで心地よいということだ。それは否応なく家に対する親しみを感じさせる。なぜならのびやかさ、安全、家族の情愛、住まいを象徴しているからだ。中国人にとって家はもっとも偽りのない、もっとも暖かい場所だといえよう。國という繁体字には人の口があり、領

訳注1　原文は「以家為家、以郷為郷、以国為国、以天下為天下」
訳注2　原文は「一玉口中国、一瓦頂成家；都説国很大其実一個家；一心装満国、一手撐起家；家是最小国、国是千万家在世界的国、在天地的家；有了強的国、才有富的家」

土を示す枠もある。人の口と領土こそ実は「家」という概念を拡張したものである。言いかえれば、国は無数の家庭が集まってできた、より大きな共同体なのだ。この共同体では、人や土地などの要素が組み合わさって保障と支えの役割を果たす。従って中国人から見れば国と家は不可分で、西洋人が普通にいうcountryという語は常に「国家」と訳される。中国語の中でもよく「国」と「家」は一緒に使われ、分けられることがない。

古代中国で君主は「国」、諸侯は「家」と称された。諸侯は君主によって領土を与えられるが、その初期には往々にして親戚や親しい人が王侯に奉じられたので、君主と王侯は密接な関係にある血縁であった。たとえ血縁関係が少し遠い人でも、政治的隷属関係や管理制度上、君主と不可分な人々であった。君主は生殺与奪、分封の削減・降格などの特権をにぎっており、諸侯の代表する「家」は、君主が代表する「国」に最大限依存していたことから、中国人の伝統的観念の中に家・国不分離の原型が造りあげられたのである。

事実中国人の家庭構造の特徴を決めたのは、中国古代社会の起源とその後の組織方式だった。大昔は、生産力や社会生活水準が低く、自然を利用しコントロールする能力が高くなかったため、社会生産においては、集団で協力し助け合ってはじめて、共同体の生存と発展が維持できた。簡単な労働以外の少し複雑な社会生産活動は、多くの人々が行う組織的な協力に頼っていた。このため、人々の間には共同生産と相互交流を行う必要性が生まれ、家庭間の関係や社会組織の構築はまず、血縁性、公共性、協力方式による生産において行われた。社会生産規模が拡大し、家庭のつながりが広がるにつれて、徐々に生産と生活の中に比較的大きな組織が取り入れられ、それによって生産・生活空間が広がっていった。奴隷制国家が形成されるに及んで、原始部落・氏族制度は解体され、組織的で社会化された家庭の概念が形成され一定の発展を遂げた。家庭は国家を成立させる社会の単位となり、社会生産を創造し階級統治を実行するために、社会組織の土台が築かれた。封建社会が形造られていくにつれ、社会生産力の向上と封建分封制度の拡大によって、家庭が社会組織の基本であり国家構成の単位であるという事実がよりいっそう強固になった。家庭は君主制と国家態勢から少し距離を置くようになったが、しかし家と国はやはり終始つながっていたのである。

伝統社会の人々の思想世界では、家は自分の家庭であり、国は多くの家庭を内包する政権の集合体、無数の家庭の集合であった。一般的にいえば国という言葉は諸侯の国を指すが、天下とはさらに広範な国であって、多くの諸侯の国を内包する統一された世界である。最高権力を握る君主は白日の下の最強の王であり、その権力は皇帝の権力であるから、地位はあらゆる人より高く、人の上に位しているからこそ皇上《ホアンシャン》とも呼ばれるのである。皇上の見ている家とはつまり天下全体であり、あらゆる家庭、土地、人、資源を包括するものだ。皇帝は至上の権威を示すため、天を背負って人間界を統べ治めることを宣言している。皇帝は天のみの下にいることから「天子」と称し、また自らを「朕」と呼ぶが、「朕」とは天の代弁者の意味である。普通の人からみると、家から国へ、国から天下へと階層が広がり、位は上がっていき、その中に自分も含まれる。そしてまた自分の上には隷属関係が見え、その隷属の階層は更に広がっていく。家で主たる者は、諸侯の前では臣に変わり、諸侯はまた皇帝すなわち天子の家臣となる。こうして人々の間には、社会での関係が異なる従属関係のネットワークが形成され、その中心に最高位の天子がいる。天子にしてみれば「天の下では王の土地でない土地はなく、王の下では臣でないものはいない」（『詩経・小雅・北山』）（訳注3）のである。

人間同士は互いにかかわり合うからこそ秩序が生まれるのであり、道徳上の秩序がすなわち倫理である。天下国家の秩序にしたがって、家庭の倫理が生まれる。すなわち祖先・親族・父母、兄弟・姉妹、息子・娘・孫に対する考え方と行動の原則である。**伝統社会において、中国人が慣れ親しんだ家庭の基本倫理は「父は慈しみ、子は孝行、夫は義、妻は徳、兄は友好、弟は恭順」**（訳注4）だ。中国人の心の中で国は、まさに本質的に一つの大家族であり、この家族の家長は絶大な権力を持つ君主である。従って家長としての君主は全天下の忠誠を一身に集めている。そこで君主は民に最大の慈愛を与えなければならない。いわゆる「君主は仁、臣下は忠義」（原文は、君仁臣忠）である。家庭の外の社会にも社会倫理、つまり隣人や友人、他者そして天下に対する道徳がある。個人の職業生活ばかりでなく人との交流関係の中にも職業道徳と公衆道徳がある。その基本は「仁、義、礼、智、信」である。これらの倫理道徳的制約をもつ家庭の価値観が規準とするのは、人々の日常生活における秩序と行動様式であり、その基本目標は家庭と国家内外の調和、安定、幸福、繁栄を成し遂げることである。この目標を実現するために、志があり行動力のある人は、道徳上の小我（仏教用語、殻にとじこもったせまい自我）を超越して、人生の広大な境地・気概を目指さねばならない。家から国に及ぶ道徳的理想と政治的理想、すなわち「修身、治家、治国、平天下」（『礼記・大学』による語句。まず身を修め、家を治め、国を治めてはじめて天下を平らかにする意）を完成させねばならない。政治目標と道徳の理想を結合させた人生を追い求める中で家と国は一つになり、家庭の政治と国家の政治は同一の倫理規範に基づいて動くようになる。

家庭と国家が密接な関係にあるため、中国式の家庭には、道徳上の価値ばかりでなく、政治上の価値としての倫理的価値観が現れる。というのも中国人が家庭の中にあって個人、社会、天下にどう向き合うかが、政治上の組織、秩序、体制にどう向き合うかに大きく影響し、またある程度それを決定づけるからだ。経済のグローバル化の衝撃を受けて、現代中国人の家庭倫理観と国家観にはどちらも変化が生じている。社会モデルシフトの渦中にいる若い世代は、もはや伝統的思考様式によって家庭と国家の関係を見ようとしないし、古代人のように修済治平（修身、済国、治国、平天下の略）の政治的道徳の理想を頑固に守ろうともしなくなった。しかし中国社会がどのように変化しようと、経済的利益が伝統的価値観にどれほど打撃を与えようと、現代中国人の思想や観念において家庭と国家は、依然として非常に重要である。家庭、国家への愛はやはり中国人にとって手放すことのできない生きる上での心情だ。現代

訳注3　原文は「普天之下、莫非王土：率土之濱、莫非王臣」
訳注4　原文は「父慈子孝、夫義婦徳、兄友弟恭」

社会生活にふさわしい個人の品徳、家庭の美徳、職業道徳・公衆道徳を養い、讃え、努力実践するのは、やはり倫理的価値を追求する姿なのである。

二、愛国主義と国際主義

中国の伝統的な思想・文化には、家・国の合一、そして国を治めることと天下を治めることを統一して考えるといった観念があるため、中国人にとって国を愛することと、自国以外の人、物を愛することは同じことなのだ。言い換えれば、中国人は自国と自国以外の世界に、同じ価値次元で同等に対応し、同等の愛と感情と理性をもつことができる。これは中国人が国を愛し国際問題に対処する上で重要な特徴である。このような特徴は古代にすでに存在しており、今日の経済グローバル化の時代には更に際立ってきている。

奴隷社会時代、中国には数多くの諸侯の国があった。諸侯は統括する地域の最高権力者であるため、当時叫ばれた愛国は事実上の忠君であり、皆諸侯に対し至上の忠誠を誓った。「秦、漢時代以前、漢族と中華民族はまだこれから生まれようというところだった。秦人、楚人、呉人、越人……みなまだ華夏（中国の古称）に融合しておらず、秦人は秦国を、楚人は楚国を、呉人は呉国を建て、各民族は自分の国と国王に忠誠を誓っていた」[1]（訳注5）。しかし、その時期「天下」に関する概念はすでに形成されていた。多くの人は「天下」を自分が愛する対象としており、一諸侯だけを唯一単独の愛する対象と考えていたわけではない。封建制の形成と、多くの民族のたえまない融合に伴い、統一された国家政権は確固たる発展を遂げ、中国人の愛国の観念も時代につれて変化し、更新されていった。外敵侵入への抵抗に始まり、国土の維持・擁護、政権の統一に至るまで、植民地主義反対から封建主義反対に至るまで、中国人の愛国主義は時代が異なれば異なった具体的内容を見せる。しかし時代によって愛国主義の中身がいかに変化しようと、中国人の愛国主義思想と心情は、郷土を愛し、文化を愛し、常に上に従い、自身の修養に努めることに現れ、同時にまた、天下を治め、民を安んじ、国境を超えて愛を与えようとする、溢れんばかりの思いとなって現れるのだ。

当然ながら、中国人、特に伝統社会における中国伝統政権に対して、自国民と属国に対するのとまったく同じように世界のあらゆる国家に対応するよう求めるのは、明らかに単純すぎるだろう。というより行き過ぎであり理不尽だともいえる。近代が始まってから中国は、閉鎖的状態の中から外界に引っ張りだされ、近代西洋国家と西洋世界を改めて観察するよう迫られ、新しい、受け入れ難い関係を築くようにせまられたのだ。この時目覚めた愛国者は、反帝国主義闘争を通じて中国の権益、領土、資源を守ろうと叫んだ。この愛国主義は理にかなっているといえよう。アメリカ人宣教師チェスター・ホルコム

原注1　伍雄武《中华民族精神》一一八頁、昆明、雲南民族出版社、二〇〇四年。

訳注5　原文は「在秦漢以前、漢族和中華民族還在孕育之中。秦人、楚人、呉人、越人…都還没有融入華夏、秦人建立的是秦国、楚人建立的是楚国、呉人建立的是呉人…各族人民效忠于自己的国家、各為其主」

(Chester Holcombe 一八四四〜一九一二年。米国の宣教師)が言うには、「中国の立場から考えれば、極めて不条理な西洋の侵略を恨みぬくのは非常に自然なことだ」[2]。近代国家の形成とその国家意識の形成以前、中国人が世界平和に目を向け、世界平和を追求し、戦争をさけるよう努めることに価値を見出していたことは明らかである。平和を愛する中国人の思想もまた、中国を巡り、中国を深く理解していた多くの人々が認めている。この和を愛し、和を貴び、和を追求する価値観は、愛国主義の表現であり、国際主義を示すものであることはまちがいない。

近現代以降に中国で起きた重大な社会革命の間に、愛国主義は新しい内面と精神を与えられた。二十世紀初頭、世界の革命運動の勃興を見た中国の革命家は、世界革命のまなざしをもって中国社会変革の問題を観察することができた。階級革命運動には特殊な階級性と政治性がある。ある国の無産階級が革命運動を行う際には、必然的に世界の無産階級をよりどころとし連携しようとする。そこで、無産階級の革命連盟が作られ国際主義的心情が練り上げられることになるのだ。実際、無産階級革命自体、世界性とグローバル性が備わっており、一国の無産階級が行う自らの解放運動自体も、世界の革命運動の一部分であった。従って革命が唱える愛国主義と国際主義は不可分のものなのである。この点は、中国新民主主義革命運動の中にはっきり表れている。毛沢東は中国共産党および中国人民の愛国主義の使命に幾度も言及し、同時に国際主義の義務も強調した。彼は言う。「国際主義者たる共産党員は、同時に愛国主義者たり得るか?　我々は然りと考えるばかりか、そうあらねばならないと考える。……中国共産党員は必ず愛国主義と国際主義を結合させなければならない。我々は国際主義者であり、我々はまた愛国主義者でもある。……愛国主義とは、つまり国際主義が民族解放闘争の中で実践していることである」[3]（訳注6）。このような内容は、事実上中国無産階級革命を指導するための重要な原則となっており、中国人の国家政治思想に影響を与える重要なカテゴリーとなっているのである。

中国現代化の進展に伴い、中国人の現代の国家意識が形作られていった。現代中国人の心中では、国家はすでにかつてのような天命を受けた天子に隷属するものでもなければ、直系皇族の占有する私有財産でもない。全ての中国人が等しく持つ政治共同体であり、労働人民が主人公となり、人民民主専制を実行する機関なのである。現代的意義としての国家は、一部の政治評論家のいうような幻の共同体ではなく、具体的な政治運営体制やイデオロギー、そして社会組織の実質を備えたシステマティックな構造体なのだ。従って現代人の言う愛国主義は国家が実際に実現する内容から切り離すことはできない。特に政党、民族、社会および現行の政治・経済・文化モデル、社会制度、イデオロギーと切り離しては考えられない。つまり現代中国人の愛国主義は、中国の国情と現実からは離れられず、とりわけ国家制度

原注2　〔米〕チェスター・ホルコム、《真正的中国佬》、一二一頁、北京、光明日報出版社、一九九八年。
原注3　《毛泽东选集》二版、第二巻、五二〇～五二一頁、北京、人民出版社、一九九一年。
訳注6　原文は「国際主義者的共産党員、是否可以同時又是国際主義者呢？　我們認為不但是可以的、而且是応該的。…中国共産党人必須将愛国主義和国際主義結合起来。我們是国際主義者、我們是愛国主義者…愛国主義就是国際主義在民族解放戦争中的実施」

や政治制度、社会制度とは不可分である。実際、**いかなる国家のいかなる時代においても愛国主義は抽象的でも幻想でもなく、具体的な内容と思想上の原則をもつものなのである。**かつてのある歴史的ターニングポイントではこうだったとか、未来にはこうなればよいというようなことを根拠に愛国主義をみるなら、それは現実的でなく、現実離れしている。

当代の中国は経済グローバル化の波にあらわれてすでに多方面にその影響が出ており、中国人の歴史と文化に対する認識も変化してきている。実は、中国に限らず、世界の多くの国家と地域で強烈な「文化喪失」〔cultural uprootness《原文ママ》〕意識が蔓延しており、人々の伝統思想や観念も浸食されつつある。多くの人々、特に青年達は、往々にしてグローバリズムで国家の枠組と国際関係を分析しがちだ。このような状況の下、もともと愛国主義の範疇に入る対象や出来事が、ほとんど国際主義に席捲される懸念も出ている。人々の頭にある愛国主義と国際主義の境界と関係についても、人々の価値判断と選択に変化が生じている。しかし現代以降の中国人は、すでに愛国主義の価値観と国際主義の価値観をうまく統一している。従って当代中国人についていえば、愛国の思想の中に一貫して国際主義の空間を残している。愛国主義を唱えながら同時に国際主義の心情も失うことはないのだ。

愛国主義と国際主義について語る際には、特殊な集団――海外の中国人に注目しないわけにはいかない。非常に早い時期から中国には、はるばる海を渡り、海外に住み生計を立てる人が多くいた。一九世紀中期以降、多くの中国人が再び南洋各地に渡りそこで生活した。改革開放以後、海外中国移民数は再び大幅に増加した。

今日まで、結局どのくらいの海外在住中国人がおり、全世界各国に何人の中国人がいるのか統計のとりようもない。一般的なイメージで言えば、世界でおよそ人が生活しているところには必ず中国人の姿がある。それでは、このように海外で暮し、国籍まで取得する多くの中国人の心中にある、愛国主義と国際主義の観念はどのようなものだろうか？　これは実際、愛国主義のボーダーにかかわる問題で、今日の国際学術界が今まさに注目し研究している問題――グローバル化――に触れざるを得ない。海外在住中国人、つまり国をまたいで生活する人々に対して伝統的愛国主義の観念をあてはめて理解することは難しい。彼らに言わせればどこで生活しようと、どこの国籍を得ようと、心の中には生まれた国の影が残っている。二〇世紀八〇年代、中国には出国ブームが起こった。その当時、中国でも世界でも一世を風靡した歌があった――歌手張明敏が歌った『私の心は中国だ』《我的中国心》である。その中で彼はこう歌っている。「スーツを着ていても私の心は中国だ！」これは多くの海外在住中国人に共通する心の声であり、愛国の価値観の表れでもある。

三、徳・法併せ持つ国家統治観

今に至る多くの国家には、一定の国家統治観がある。国家統治観は多種多様で、内容も豊富だ。国家は政治と不可分で、国家に政治の姿が凝縮されている。このため各国の国家統治観には必ず一定の政治価値観が反映されている。いかなる社会形態であっても、政治、政権、国家権力は、人々の間に不平等な占有と不均衡な分配という現象をもたらす。そのため一般的には国家権力を掌握する人が国家統治の主導権を握り、その人々の国家統治に関する価値観が統治者の地位や主導的地位に持ち込まれる。主導的地位を占めた国家統治観は、長期的な社会の統治と思想の醸成を通じて人々が受け入れる価値観念となり、それを通して集団の行為が束縛されるようになるのである。

中国の歴史においては、伝統的意義でいう国家の起源は比較的早く、国家統治の政治思想と原則も比較的よく考えられていたため、早いうちに成熟した国家統治観が形成された。夏、商、周三代王朝は、中国の奴隷制国家が形成され、繁栄し、そして衰退していくまでの時代で、早期国家統治観の探索・形成期でもあった。歴史年代が古いため、三王朝のスパンは非常に長く、今に至るまで保存されてきた文献資料が少ない。従って、今日では後世の人々のわずかな記述によってしか、中国古代の伝統的国家の基本的な統治観が描けない。この観念の全体的特徴は、王朝が異なっても主導的地位を占める国家統治の核心的観念があることである。ただし基本的やり方が法治にかたよるか、でなければ徳治にかたより、時には徳が主、刑が従、時には残酷な刑を執行し、徳がおろそかになるといったように総じて徳治、法治が矛盾なく共存していた。

徳治と法治二つの国家統治観による政策において、徳治は予防的で前提的である。一方法治は恐怖政治とその執行力の発動によって、犯罪を抑え、社会の安定を保障する目的を達成することはできたが、結局は限定的で懲罰的であった。そのため国家を治める際は、もし徳治をもって目的を達することができるならば、法の権威に頼って人を服従させることは慎んだ。『後漢書』五二巻「崔駰列伝」の中に、古代の天子の国家統治観についての描写がある。「古の天子は徳と法を制御して多くの役人を動かした。馬を上手に御するものは、馬のくつわをうまく制御して力を引き出し馬の心をやわらげるので、何も言わなくても何千里も走れる。人をうまく動かす人は、徳と法で多くの役人を動かし制御して、人の心をやわらげ安心させるので、刑罰を使わなくても統治できる」（訳注7）。この話は古代中国の徳と法を併せ行う国家統治観を言ったもので、それと同時に天下を統治する際はまず徳治を重んじるという思想を述べたものだ。

中国古代社会と王朝は、他の文明国家同様、国を治めるときは常にある一つの国家統治観を採用し、あるいは徳治を重視し、あるいは法治を重視して統治したようだ。一般的に乱世の時には常に厳格な法律を用いたが、繁栄の世には徳をもって天下を治めた。しかし、比較すると、二千年あまりの長きにわたる中国伝統社会の皇権統治においては、徳治の色彩がより濃厚で、人々の徳治への要求や強調もより多かった。当然、中国封建社会では人間関係と社交にかかわる多くの徳目が早くから打ちたてられていた。これらの徳目への要求が、実際上徳治観を反映するものとなっている。

春秋時代、斉の政治家管仲は、国家統治観に関する多くの道理を説いたが、その特徴は徳治を強調したことにある。彼は、「礼・義・廉・恥は国の四つの根本道徳（四維）である。四維が振るわなければ国は亡ぶ」（訳注8）と言った。この礼義廉恥こそが当時すでに形成されていた治国の徳目である。管仲以降、

訳注7　原文は「古者天子以徳法為銜勒、以百官為轡策。善御馬者、正銜勒、齊轡策、鈞馬力、和馬心、故口無声而極千里。善御人者、一其徳法、正其百官、均齊人物、和安人心、故刑不用而天下化」この文は、実際は孔子の言葉を集めた『孔子家語』に載る。

訳注8　原文は「礼儀廉恥、国之四維、四維不張、国乃滅亡」

儒家学説を打ち建て大々的に広めた孔子、孟子などが徳治を更に強調した。たとえば孔子は「**政治で導いて刑罰でとりしきるならば、人民は刑網をくぐることを恥とは思わなくなる。道徳で導いて礼儀でとりしきるならば、礼に外れる事を恥じもし、懐いても来る**」（訳注9）〔『論語・為政』〕と言い、孟子は、君主は仁政を行ない、王道を実行すべきだと主張した。また、君主がもし仁政を行えば、刑罰は減るだろう、そして最後には富国強兵という目的を達成するだろうと言っている。秦朝が中国を統一する前後、韓非子、李斯など法家の統治観が重視されるようになったことで、秦朝の国家統治は比較的法家の思想に偏った。しかしこののち、二千年あまりの間に、徳治と法治の観念は並行して存在し、国家統治観念として中国社会に受け入れられていったのである。

中国伝統社会が長期間積み上げてきた国家統治の経験が私たちに伝えるのは、**法治の中には徳治があり、徳治であっても法治は捨てられず、結局どの手段も単独では国家の良好な統治を完全に実現するのは難しい**ということだ。世界各国に普遍的な状況からみれば、社会関係、国際関係が複雑化したため、現代の国家統治はかつてに比べ複雑で難しくなり、対応処理しなければならない突発事件も非常に多くなった。改革開放以来、中国は社会主義市場経済体制改革を華々しく推し進め、世界の注目を集める成功を成し遂げた。本質的に見れば社会主義市場経済は法治経済であり、法律の保障と支持があって初めて効果が上がり役割が果たせる。但し、市場経済の際立った特徴として推進の原動力が利益追求にあるため、その実現の方法は、人々が体制・メカニズム・秩序の変革を通して、経済、政治、文化的利益を自ら創造する上での自由権、リーダーシップ、積極性を高めていくことにある。同時に、市場経済の条件の下では、深刻な利益衝突が存在する。そこで社会の調和、安定、発展のためには、強力な法治的保障だけでなく、より良い徳治的保障が必要だ。法治は強行手段であって、法律の強制力で人々の思想と言行をコントロールし、「限界点」と「最低ライン」を超えられないようにして犯罪を戒め回避する。一方徳治はソフトな手段であって、道徳の力で人々の思想と言行をコントロールし、精神的な秩序を作りあげて、人間の質を高める。徳治と法治を兼ね備え、補完し合うことが必要で、どちらも欠くことができないのである。

中国の伝統的家庭の多くは家長制である。一家の中で父または母は特殊で重要な位置にある。彼らは苦労して子を育て、同時に子供の未来を決定し道をつけてやることへの責任を自ら負わざるを得ないと考えている。伝統的家庭の観念の中で、父は厳しく母はやさしく、また父は往々にして規範と法を代表し、母は礼儀と仁徳を代表している。中国人の伝統的家庭観念とは、徳治と法治を堅持し並存させて治めていく国家の縮図であり、また治国と治家を結びつけている観念の投影図だともいえる。中国の伝統社会は礼儀と人情を重んじ、人間交流やコミュニケーションを重視する関係《コネクション》型社会であった。社会主義市場経済の育成と発展の過程で、礼儀規範と人間関係が人を善へと導くよい影響を与えるとも考えられ

訳注9　原文は「道之以政、齊之以刑、民免而無恥；道之以徳、齊之以礼、有恥且格」邦訳は『中国古典文学大系三　論語　孟子　荀子　礼記（抄）』（木村英一、鈴木喜一訳、平凡社、一九七〇年）を参照した。

るが、逆に新しい社会規範と市場秩序に不利な影響をもたらし、現代的な人間関係構築の足を引っ張ることも考えられる。これらの規範と関係をいかに導き、コントロールし、利用するかが肝心である。

長期にわたる歴史、思想、文化の影響下にある現代中国人の価値観念に、徳治と法治の遺伝子が欠けているわけではない。しかも三十年あまりの改革開放および多年にわたる中国の特色ある社会主義市場経済の育成と発展を経て、中国の国家統治と社会建設において、党と政府はますます徳治・法治併用の重要性に注目するようになった。それにつれて人々はますます国家統治における徳治・法治のバランスの重要性を意識するようになった。この面の具体的な現れとして次の二点が挙げられる。改革開放三十数年来、社会管理・国家統治の各部門が、たえず法制度やメカニズム、規範を健全化し、常に法治国家のレールの上を順調に進んできた点、そして人々の法治観念がますます強まり、必ずや法に基づくべしという意識が高まり続けている点である。それと同時に、社会主義市場経済の条件のもとで、社会の道徳、個人の道徳の問題に対する人々の関心がますます深まり、良い道徳環境と美しい道徳生活への欲求はますます切実になってきている。いくつかの社会的事件が起こって以来、人々は法律・道徳両面から事件の根源を考えるようになり、問題の原因を掘りおこそうとする意識や能力、レベルもまた大いに高まったのである。

四、平等・平和な国際交流観

現代中国人は平等且つ平和な国際交流観を持っている。この平等且つ平和な国際交流観の起源は、中国人が重んじ大切に育んできた「中和」（偏らない意）の観念であり、現代のみならず中国伝統社会ですでに主要な価値観であった。古い格言にいう「礼を行う場合には、堅苦しくならない事が大切だ。先王の道もそうであってこそ立派だ」「分不相応を憂う」「全世界の人はみな兄弟となろう」（訳注10）などは、すべて中国人が人に平等に接することを重んじ、和をもっとも大切に考えようとする姿勢を示している。深く浸透したこの考え方が現代中国人の国際交流観を形造った。現代中国人が国際交流を行う上で一貫して平等、平和、調和を最高の価値目標とし、平等と平和の実現こそ究極の国際道徳規範だと考えるのはそのためである。

中国人の頭と心には、広大で開放的な天下観がある。この天下観と中国の広大な大地の間には密接な関係がある。民族同士の関係と政権の発展の角度から見ると、中華民族全体の形成・発展の歴史及び中国社会変遷の歴史は、各民族が混じり合い、融合しながら新たな歩みを刻んできた歴史であった。数千年来、中国大地では数十の王朝が栄枯盛衰を繰り返し、各少数民族が打ち建てた地方政権と王権は優に百を超える。いかなる時期か王朝かにかかわらず、為政者には異民族に対する敵視、蔑視といった偏見

訳注10　原文は「礼之用、和為貴、先王之道、斯為美」「均無寡」「四海之内、皆兄弟也」邦訳は『中国古典文学大系三　論語　孟子　荀子　礼記（抄）』（木村英一、鈴木喜一訳平凡社、一九七〇年）を参照した。

があり、「わが民族でなければ心は異なる」（原文は、非我族類、其心必异。出典は『左伝・成公四年』）という誤った観念を持ったこともあったが、多くの王朝の大半において、中央政権の統治者はおおむね広い心で少数民族の地方政権と異民族諸侯の国を処遇した。もちろん歴史上のある時期、封建統治者によっては、自ら治める中央政権が正統で理にかなうと考え、四方に散在する地方政権や諸侯は中央政府に臣下として仕えなければならないと考えたものもいた。それらの統治者は出征して討伐することもあったが、その出征範囲も多くは中国領土の国境内でのことで、版図を超えるものではなかった。人類社会と政権発展の歴史的法則から見て、これらの短期的、内部的、局部的な戦争は不可避のものであり、世界の他の国家でも珍しいものではない。それらは中国内部の政権・王権の交替時に限定され、そもそも中国人のもつ平和的国際交流観に影響を与えたわけではなかった。

中国人の平等・平和の観念は、人々の日々の仕事や生活に現れるだけでなく、国際関係上の対処法にも現れる。中国および中国人を十分理解する以前の西洋人には、その平等・平和の価値観を理解する術がなかった。しかし中国での生活時間が長くなるか、あるいは中国人との交流が長くなると、西洋人は中国人の平等・平和の価値観の方向性を深く感じ取るようになり、思想や観念にみられる平等、平和、調和への確固たる思いを理解するようになる。本書の第一章で、ここ数百年の間に中国を旅行したり、宣教したり仕事をしたりした西洋人の中国観について述べたが、彼らの大部分は、比較的長い期間中国で生活し、十分に中国人の思想における平等・平和の観念を理解している。概算統計では、中国で生活したことのあるほぼ九〇％以上の西洋人が、自らの著書において、中国人の思想・性格に従順で穏やかな面がみられることを記している。多くの西洋人は中華民族が人の和を大切にし、人に平等に接する民族だと認めている。このような記録に関しては、本書で挙げた、外国人の書いた中国観に関する書物を少々紐解くだけで、充分な証拠を見つけられるだろう。ここでは、英国の著名な思想家バートランド・ラッセル（Bertrand Arthur William Russel　一八七二〜一九七〇年。英国の哲学者、数学者、論理学者）の言葉を引用して説明するにとどめよう。バートランド・ラッセルは二〇世紀二〇年代初頭に中国を訪問して講演し、有名な『中国の問題』（《中国之問題》一九二二年出版、The problem of China）という書物を著して中華文明、中国社会、中華民族、中国人に対する観察を伝えている。彼は以下のように述べている。「世界に『戦わないことを誇りとする』民族がいるとすれば、その民族こそ中華民族である。中国人が生まれ持つ姿勢は寛容かつ友好的であり、礼儀正しく人に接する」この評論は中国人の平等・平和の国際交流観を極めて見事に描写している。

現代中国人の平等・平和の国際交流観は、対内対外両者の実践から見ることができる。国内状況を見ると、現代中国は平和的発展の新路線を堅持して歩んでおり、できる限り平和裡に富国強兵を実現しようとしている。これは全中国人の願いであり、党と政府の意向でもある。国際状況を見ると、中国が大国化するにつれ、人々はますます意気軒昂になり、自信に満ち、開放的態度をもって世界に臨もうとしている。国としても今後更に国際平和と世界調和を重視し、恒久平和、共通の繁栄を目指す、調和のとれた世界建設への貢献に努めて行こうとしている。二〇〇六年四月、胡錦濤前国家主席はサウジアラビアでの協商会議で「中東和平の促進と、調和のとれた世界の建設」と題して講演したが、その中で頻繁に出てきたキーワードは「尊重」「平等」「公平」「平和」「対話」「協力」「共同」であった。これは中国と中国人が国際交流において平和のためにつくすこと、また中国が平和的発展の道を歩み続け、調和のとれた世界構築に努力する決意を明確に表明したものである。

歴史が歩みを進めてきた今日、現実が疑いなく証明しているのは、中国のとる平和的発展の道が中国人民と世界の人民に幸福をもたらす道だということである。平和的発展は中国人の知恵、中国人の希求であり、世界の人民に幸福と安寧をもたらすものでもある。改革開放後、中国経済に奇跡が起こり、すでに幾千万の人々を貧困から脱出させ、豊かな幸福への道を歩ませている。貧困問題解消についてだけでも、中国の世界への貢献は多大なものがある。中国の平和的発展の道が、世界のその他の面にもたらす貢献も、ますます世界の人々の認め知るところとなり、理解され賛同を受けることとなるだろう！

第四章　世のため人のための経済価値観

「経済」という言葉はよく知られている。一般的には経営と創造による生産活動を指す。中国語では、よく「経世済民」（原文は、経邦済民）という言い方をする。その基本的意味は、人が活動を通して、他者と共通に存在する客観世界に向けて、対象となる経営管理、開発利用を行うことで、社会を救済し民に利益をもたらすという目的を果たすことを意味する。私たちの生活と生存は、自然を改造し、資源を開発し、財産を生み出し、社会の発展を推進する経済活動と切り離すことはできない。経済生活の基本認識と価値判断も、人々の経済価値観を構成している。価値観体系の中で、経済価値観は非常に重要な価値観である。これは人々の経済活動における価値観を反映するもので、特に自然界と資源開発およびそれを利用してよいかどうかに対する基本的観念である。社会を構成し生活を営むあらゆる民族と集団には、外在する物とその使用についての考え方があり、中国人も当然例外ではない。

経済価値観の視点から、集団あるいは民族の思想的特徴を観察するというやり方は役に立つ。なぜならいかなる集団、民族であれ、創造的な活動は、必ず経済価値観にかかわるはずだからだ。それどころか、経済価値観を見れば、人の心情を示すものをじかに見、集団・民族・社会共同体が、生活上基本的かつ共通して追い求めるものに直接触れることさえできる。経済価値観から、客観世界に存在するさまざまな物質、資源、要素と人との関係を中国人がどのように理解していたか、そして外在物に対する姿勢や思想、行為を見ることができるのだ。

一、中国人は「エコノミック・アニマル」に変わったのか？

「エコノミック・アニマル」はある民族や集団、あるいは社会共同体を描写する際に使われる言葉である。話し言葉でよく使われるが、今では社会学研究の基本用語の一つにもなっている。二〇世紀七、八〇年代、欧米の経済学者が、我を忘れてせかせかと働き利益を生み出す日本人を「エコノミック・アニマル」と称した。時あたかも日本が第二次世界大戦による痛手から立ち直り、まさに一躍世界レベルの経済大国に躍り出た時期であった。言葉だけから見れば当時は蔑称のように聞こえたが、実際には、日本人の勤勉で一生懸命な仕事ぶりや、奮闘精神への賞賛も多分に感じられた。三十余年の時を経て、またもや二〇一〇年三月十一日、シンガポールの『連合早報』に「成長著しい中国に『エコノミック・アニマル』集団登場」と題した文章が載った。改革開放後の中国は成長著しいが、やはり金銭を至上のものと考え、財があるからと驕りたかぶり、小金を持てば贅沢をし、欲におぼれ、いばり散らしたり手当たり次第富を求める「エコノミック・アニマル」集団が現れたというのだ。

二〇一二年五月、ある人がブログで「エコノミック・アニマルの冠は中国人にこそ」という文章を掲載したが、その内容は『連合早報』とほぼ一致するもので、しかも国外のメディアにも中国人を「エコノミック・

アニマル」と称するものがあるという事実も明らかにした。しかし、そこで使われている「エコノミック・アニマル」は、かつて日本人に向けられた賞賛の口ぶりではなく、むしろひどくきな臭く、さげすみや排斥をにおわせる口ぶりなのだ。確かに近年国外には、経済発展を追い求める中国人の価値観について誤解が少なからずある。中国人はお金を稼ぐことしか知らない「世の中すべて金」の利益マシンだと一方的にみなしているのだ。中国人は本当に経済利益至上主義、拝金主義の「エコノミック・アニマル」になってしまったのだろうか？　現代中国人はどのような経済価値観をもっているのだろうか？　このような問題は、明確に説明する必要がある。

改革開放以来、中国は社会主義市場経済の建設と発展に努力してきた。市場経済は利益誘導型で、積極的、能動的な経済開発、社会生産へと人々を最大限に駆り立てることができる。数十年の政策による牽引と制度的コントロールを経て、人々は主体的に経済活動に参加し、経済開発に携わり、経済の利用を推し進めたいという思いが非常に高まっていき、そういう人々の数も飛躍的に増大した。これは疑う余地のないことだ。現実の社会生活においても、人々の業績や創造的能力及び行動レベルの評価に、かつてに比べ経済基準が更に広範囲に用いられるようになった。たとえば給料や投資、商売、生産・経営所得などの収入の多寡によって、人々の経済活動面の能力を評価するようになったのだ。まさに思想や意識の変化に伴って、さまざまなチャンスや条件で真っ先に裕福になった一部の中国人、特にいきなり金持ちになった人々が、上述のような特徴を持った「エコノミック・アニマル」になり、金銭至上、利益優先、経済崇拝へと変わってしまったといえる。その意味では、報道とブログ記事の描写も筋違いとはいえない。

しかし、注意しなければならないのは、たとえ市場経済が中国人の伝統的市場観念や経済観念、ある種の生活観念を変えたとしても、経済価値というものは、必ずしも現代中国人が社会生活や生活活動の全てを観察・分析する際の、唯一の尺度ではないということだ。金銭と経済利益も、唯一の生存の拠り所ではない。かつてに比べ人々の効率意識、競争意識、利益観念は大々的に強化されたが、現代中国人の価値観体系には、経済利益と金銭だけがあるのではない。むしろ、経済が発展し、物質的利益が目立つようになればなるほど、人々は政治や文化、道徳など経済的価値観ではない要素もより重視するようになるものだ。さらにいえば、仮に経済と金銭によって毒されてしまった人が、「エコノミック・アニマル」になったとしても、この一部の「エコノミック・アニマル」がすべての中国人を代表するわけではない。純粋に経済にのみこまれた彼らの行動は個別的・局部的なものであって、あらゆる中国人の経済価値観を代表するものではないのだ。そう考えると、全ての中国人を「エコノミック・アニマル」だとする言い方は明らかに不正確だ。

経済利益を手に入れるべきかどうかに目を向けるなら、全面的な分析を行う必要があり、「一刀両断」にはできない。中国西漢の時代に、歴史学者司馬遷は『史記・貨殖列伝』の中でこう述べている。「天下が平和なら人々は利を求めて集まるが、天下が乱れると利のために去っていくものだ」（訳注1）。人はしばしばこの言葉で利益追求の思想・行動パターンを説明し、今日の同様の行為の口実にする。事実、司馬遷のこの言葉は、人が昔から利益を追求したという一面を説明しているかもしれないが、全体的に見れば、やはりこれは、経済活動を行う人々の繁栄を極めた様子の描写なのである。人の本性から考えれば、利益重視は価値観追求の一つである。利を求め害を避けるのも人が生まれ持った本性の一つである。**一定の社会条件の下では、利益、特に経済利益を最優先するかどうかのポイントは、利益を追求するかどうかではなく、追求している利益が健全であるかどうか、その行為の背後にある価値観が正当かどうか、適切かどうか、社会全体の発展と協調的進歩に有益かどうかなのである。**

改革開放以来今日まで、中国人は確かにかつてに比べ物質的利益と収入の分配をより重視するようになり、経済的利益と物質的条件のために奮闘する気は満々である。競争、平等、創造、市場に対する意識も以前に比べ格段に高くなった。これは市場経済が直接もたらした効果であり、社会生産の発展、経済のあり方の改善に対して直接的な利点となっている。近代化問題の研究者はこう言っている。伝統的農業社会では、人々は春に植えて秋に収穫し、天のおかげで糧を得、そして農閑期には農具をしまいこみ、気ままに休暇を楽しむことに慣れきってしまい、そのあげく分不相応に快楽にふけり、怠惰、退廃、消極性につながる価値観念を生み出してしまった。それに比べ現代中国人の経済意識と経済的自覚はか

訳注1　原文は「天下熙熙、皆為利来；天下攘攘、皆為利往」邦訳は『中国古典文学大系一二　史記　下』（野口定男訳、平凡社、一九七一年）を参照した。

なり高まっている。これもおそらく、三十年あまりにわたって人々の経済活動へのモチベーションを生み出すという、改革開放が手にした重大な成果なのではないだろうか。

二、君子は財を好み、これを取るに道を以てす

人生にとって財産は重要な意味を持っており、生活価値観の一面をある程度表している。中国人はよく財産を物質的財産と精神的財産に分けて考える。物質的財産は人が生活し生存するための物質的資源、たとえば金銭、不動産など衣食住行に必要な物質資源である。精神的財産には思想や意志、信仰および精神価値がある。中国にはこんなことわざがある。「君子は財産を好むが、それを得るときは道に従う」。ここで言う「財」とは金銭に代表される物質的財産のことだと多くの人が考えている。長い間、この言葉は中国人が生涯持ち続ける生存と生活の道であった。少なからぬ人が忠実に守っている経済倫理であり、また中国人の経済価値観の中ではもっとも素朴な考え方でもある。この素朴な価値観の中で重要なのは、利益を追求し財産を得るべきかどうかではなく、利益を追求し財産を得ることの根拠と原則なのである。

当たり前のことだが、庶民はみな財産が好きであり、財産を得たいと願う。庶民のことなので、財産を得る方法や手段はよく目にするだろう。富がほしいという思いが最大限ふくらんだ時には、皆さまざまな手段を使って財を得ようとするものだ。しかし君子は庶民とは違う。君子には徳があり、徳行を重んじる。財産を得たいという望みは、君子も庶民に変わりはないが、君子と普通の人では財産を得よう

とするときに必ず遵守する原則が異なっている。この原則が道なのである。それでは道とは何か。道にはどのような役割があるのだろうか。

孔子は「**富貴であること、これは誰しも望むところである。しかしいやしくも富貴に至るべき**（正しい）**道によってそうなったのでない限り、私は**（富貴の地位に）**未練をもたないだろう。貧賤であること、これは誰しも厭うところである。しかしいやしくも貧賤に陥りそうな**（不正な）**はたらきによってそうなったのでない限り、私は**（貧賤の地位に）**頓着しないだろう**」（訳注2）と言っている。孔子先生がここで言っているのは、人が社会的地位や所有財産の多寡に相対した際の、ある種の義理人情であり、また見習うべき行いの道である。彼が強調する「道」も、つまりは君子が財を得る道であり、儒家の言い方に従えば礼、仁、義である。すなわち人が財産を得、利益を獲得するときの基準と根拠である。礼法、仁徳、信義に合致すれば道に合致し、このような道に合致すれば利益を得るべき基本的条件がととのう。この時、君子はそれに照らして財産を得れば非難されない。このように道を守り、道に従って行えば、君子が経済活動を行って財産を得る際の美徳が成り立つのだ。礼法をしっかり守れること、すなわち法律を遵守し、社会の礼節と秩序を厳守する人、仁義を重んじる誠実な人こそが、合法的に利益を得る高尚な

訳注2　原文は「富与貴、是人之所欲也、不以其道得之、不処也・貧与賤、是人之所悪也、不以其道得之、不去也」邦訳は『中国古典文学大系三　論語　孟子　荀子　礼記（抄）「里仁」』（一九頁、木村栄一・鈴木喜一訳、平凡社、一九七〇年）を参照した。（　）内は鈴木氏の補足。

人士となるのである。何千何百年もの間、中国人はこのような高尚な人士とその人たちが利益を得る行為を認めてきた。そのため「君子は財産を好むが、それを得るときは道に従う」も多くの人が物質的利益を追求する際の基本原則となったのである。

財と道の関係は利と義の関係を映しているのだが、利と義の関係は、中国伝統社会に幾千年の長きにわたって伝えられてきた倫理・道徳の命題であり、それは人々の経済価値観に影響を及ぼし、それを決定してきた。儒家の思想は社会倫理を重んじるもので、個人的発展をいうものではない。従って利より義を更に強調する。そこから義を尊び利をいやしみ、義を上に利を下におき、義を主に利を従とする基本的な価値判断が形成された。西漢の儒家董仲舒の鋭い洞察を感じさせる言葉が儒家の義・利観を代表するといえよう。「天は人を創り、人に義と利を生み出させた。利は体を義は心を育む。心に義がなければ楽しめず、体は利がなければ安らかにはなれない。義は心の栄養、利は体の栄養である。心は体より大切だからその栄養も利にまさる。義は利より遥かに人を育むものだ」(《春秋繁露・身之養于義》)。ここに述べられているように、利は人にとって大変重要だが、それは物質的なもの、つまり身体に益をもたらすものだ。一方義は人の心、思想、精神に益をもたらす。このことがわかっている人は、物質的利益、物質的財産に相対した時に熟慮し、君子の道に従って、自らの財物への欲求をコントロールする。

当然、現実生活では「人は財産のために死に鳥は食べ物のために死ぬ」(原文は、人為財死、鳥為食亡)といった観念を持つ人も存在する。このような観念を持つ人は、実際人生における財産、特に金銭の位置づけが過剰に高すぎる。生存と発展に一定の物質的条件が必要だということには客観的にみて何も問題はない。しかしもし人の生命と生活全ての価値を、金銭などの物質的財産を得るためだとするならば、それは非常にまちがっているし偏っている。何千何百年にわたり伝えられ、中国人の発展・進歩を支えた価値観の中で、財産を追求する価値観は誤りであったとはいえない。誤りは、金銭など物質的財産の重要性を神聖視し、極端でしかも偏った考え方を生むことである。しかし中国人の伝統的観念の中では、この傾向はあまりはっきりと表れておらず、現代中国人の観念の中でも主流ではない。中国人は財産を目の前にしたとき、義に背いて得た財かどうか判定するのを好む。道義にのっとった財ならば義中の利なのであり、君子の貴ぶものでもある。しかしもし義に背いて得た財ならば得てはならず、義に反して財を得ることは君子の徳に背くことになる。

道義を用いて人の財産欲を抑制することの正当性と合理性、これは中国伝統社会文明の表れである。なぜか。その道理は簡単だ。いかなる社会体制でも、ひとたび財産、特に物質的財産を追求しようとする欲望が無限に拡大したら、待ち受ける結果は個人の貪欲さ、私欲の膨張であり、それは社会の無限の競争と人心の荒廃をもたらす。社会に物欲があふれ、私利私欲の横行する生活環境になってしまう。道義にかなうかどうかを、経済活動に従事し物質財産を得る際の前提条件とすれば、一定程度無秩序や過度な競争を抑制することができ、経済活動の上質な秩序を打ち建てることができる。道義があればこそ、人々がよりよく理解し合い、寛大さと謙譲の心が生まれ、社会はより良くなり進歩するのだ。財産に対することの姿勢があれば、科学的、道徳的態度は失われない。このような姿勢が経済活動を支え、最大限社会の良好な発展を促進することができるのだ。

三、利益分配の効率と公平観

現代人、特に経済学者はよく「パイを作る」と「パイを分ける」を例に生産の成果と利益分配の問題を説明する。パイをいかに大きくしっかり作るかは、いかに努力して生産を拡大し、富を作り出し、蓄えを増やすかを指す。「パイ」をいかにうまく分けるかは、争い事や社会問題を引き起こさないように、いかにうまく富と利益を分配するかを指す。どうすれば大きくておいしい「パイ」が作れるかは、結局社会生産の問題だが、どうすれば均等に「パイ」が分けられるかは、利益分配の問題になるだろう。しかし、**利益分配というのは、単に誰がどのくらい「パイ」を取るかという単純なものではなく、誰がどのぐらい「パイ」をとるべきなのかを考えなければならない問題である。**このように利益分配の効率と公平性はまさしく人々が直面する問題なのである。

私達が議論したい経済価値観というものも結局、利益、特に経済利益の生産や分配、占有、交換、消費のプロセスにおいて人々がくだす価値判断と価値選択なのである。そのうち利益分配はこのプロセスのひとつの節目ではありながら、終始一貫して影響を及ぼす重要な段階である。この段階は、利益を生み出す人々の労働の能力と尊厳をどう守るかだけでなく、利益を受ける人々がいかにその利益を享受し消費するかを前もって示すものでもある。いかに利益分配をするかをみれば、民族あるいは社会の経済利益に対する基本姿勢がはっきりと分かる。

時代と社会によって利益分配の原則は違ってくる。ミクロに見れば、利益分配の原則は人々の社会的関係をつくっており、マクロに見れば、社会の精神世界を決めている。上古の原始社会と未来の共産主義社会では、利益は必要に応じた分配原則にのっとって分配され、人の基本的需要を満たすという基本原則から出発して、人々の間の利益バランスをとるのだと信じられていた。しかし、階級社会の中では、階級的関係と階級的地位に立脚した生産の役割と労働者の地位が、利益分配を支えるキーポイントである。中国には長い封建社会の歴史があり、封建社会にあっては、封建君主と皇権の占有者およびその階級の基盤となる地主階級がさまざまな利益分配の権力を握っており、搾取階級となっていた。彼らは広大な労働人民の労働成果を搾取し、人民の作り出す富を有無を言わせず占有したのである。特殊な国情と歴史的条件により、中国は明確な長い資本主義社会を経ることがなかった。長きに渡る皇権が失墜してから、時をおかず旧民主主義と新民主主義社会の段階を経て、社会主義時代に到ったのである。社会主義社会のもっとも基本的な利益分配の原則は、生産に関わる要素を含めた労働に応じた分配の原則である。生産要素による分配と労働に応じた分配は、もっともよく労働価値を表し、利益分配の際に効率と公平性を最大限度保証する方法なのである。

中国は数千年の文明史を持つ古い国だが、中国人は長期の社会生活と生産実践の中で、利益分配の際の効率と公平性に対し、確かに有益な思想を生み出してきた。そしてこの思想は、学び継承し拡大していくに値する。生産効率を重視して利益を分配する点では、封建社会が長期に渡ったために、現代のような民主的で公平な価値観を備えてはいない。従って効率による分配を重要視していることがもっともよく示されるのは、労働力にそって出される賞罰の制度である。一方利益分配の公平性をもっともよく表しているのは、どの歴史時代にも理想的な平等思想を唱える人がいたことである。中国人はよく「少ないことより不公平を憂う」（原文は、不患寡而患不均）という。つまり利益分配の際はあちこちに目配りし、できる限り不公平、不平等を避けなければならないということだ。比較してみると、中国人は効率性よりも公平性をより重視している。数々の王朝ではそれぞれまさに終わろうとするときに、大規模な農民一揆が起こっている。それは農民が当時の政治体制に反対したというよりむしろ、利益分配制度に対してすでに我慢の限界に達していたためであり、とりわけ地主階級が不公平な利益占有制をしいていたためだという方が正しい。

今日の中国は、すでに大きく経済発展を遂げ、物質的成果がたえず蓄積され、人々の生活は基本的な改善を見た。しかし効率と公平性による利益分配の問題は逆に目立ってきている。人によっては先進国が用いる経済指標、例えばジニ係数（所得格差の大小をはかる指数。数が大きいほど格差が大きい）などで利益分配を測りたがる。そしてそれによって中国が世界でもっとも貧富の差が大きい国だ、それどころかこの格差がついには中国発展の路を閉ざすことになろうと結論づける。このような結論は当然一面的な見方であって、この意見に反対する人も少なくない。事実、このような経済指標の役割は参考程度に過ぎない。中国の経済発展における効率と公平性による利益分配の問題を認識し解決するには、中国の国情と発展の現実を尊重しかつ合わせ見る必要がある。国外の抽象的で理想化された経済学説を盲目的にまねたりあてはめたりして、真相を判断する根拠にすることはできない。

今日中国ではしばしば効率と公平性による利益分配の問題が、社会主義の社会制度とからめて語られる。広大な人民大衆の心の中には、新中国成立以来、人民が主体だという価値観が徐々に育くまれゆっくり形成されてきた。社会主義は人民を主人公とする社会であり、中国は全中国人民の中国であり、人民大衆が創造した財産は人民大衆全員が等しく享受し消費されるべきものである。鄧小平がかつて指摘したように、社会主義の本質は「生産力の解放、生産力の発展、搾取の解消、貧富両極化の払拭を果たし、最終的に富の共有に到達すること」（一九九二年、南方視察の際行われた社会主義の本質にかかわる談話）である。この総括の中で、生産力の解放と発展は実際に社会生産の効率の問題に直結している。最大限生産力を解放し発展させることは社会主義社会の基本的な任務ではあるが、誰がどのような方法で生産力を解放し発展させるのかは、利益分配の際に必ず考えるべき効率の問題も同時に決めてしまう。「搾取の解消、貧富両極化の払拭を果たし、最終的に富の共有に到達すること」は実際利益分配の公平性問題に行き着くのであり、搾取をなくし、貧富の格差をなくし、富の共有を実現することが、社会主義社会の最大かつもっとも基本的な公平性なのである。

改革開放三十年あまり、社会の効率と公平性の問題に対する追求は一歩一歩前進している。まず一部の人々の富の先取りから始まり、一九九二年の中国共産党第一四回全国代表大会の報告では「効率と公平性の両方を注視」、一九九三年の第十四期中央委員会第三回全体会議では「効率優先、公平性兼備」、さらに二〇〇五年の第十六期中央委員会第五回全体会議では「社会の公平性をより重視」を強調した。それに含まれる生産、労働、創造および価値に対する人々の認識は徐々に成熟し、改善を重ね、ますます科学的かつ合理的になってきている。利益分配時の効率優先・公平性兼備の原則に賛成する人がますます増え、社会の高度な平等性と利益分配の公平化に目が向けられるようになった。効率と公平性を両立させ、一方が他方を犠牲にしないという原則は、現在と今後の中国の経済社会発展に存在する利益分配問題を解決し、生産と占有、先に富むか共に富むかの問題、競争と協力の関係をうまく処理する指南ともなり、現代中国人の経済価値観の重要な内容でもある。

四、調和のとれた文明の生態環境資源観

中華民族には数千年にわたる文明の歴史がある。それは研究可能な歴史的根拠のある、まぎれもない事実である。この地の文明は名ばかりではなく現実だ。数千年の長きにわたる歴史において、中国人はこの文明の生存様式と生活様式を造りあげた。中でも人と自然・社会の調和を尊重するという特徴は際立っている。文明とは無知蒙昧から抜け出すふるまい、調和とは悟りを獲得する道である。文明という

ものは、科学的発展の法則に合わなければ、必ず短命に終わるだろう。そして調和というものは、長く続くことを最重要とし、内在する価値を追求していかなければ、持ちこたえられないだろう。中国とヨーロッパの文明社会の歴史を比較すると、ある結論に到達する。つまり、まさに文明と調和を追求したからこそ、中国の歴史はまばゆい精彩を放ったのであり、中国人は長足の進歩発展を遂げたのである。

古来より、中国人の頭の中には国家統治に欠かせない経済価値観がある。中国の先人は、人は天地創造の主人公であり、自然界に客観的に存在する資源はすべて、人によって開発利用されるべきもので、それによって人類に幸福を与え、人身に恩恵をもたらすという価値を実現するものだと考えていた。しかし、外界物を支配し資源を利用すべしと主張する思想にあっても、それが野放図で無制限なものでは決してなく、資源の開発と利用には節度と限度があった。現代の言葉でいえば、中国人は極めて早くから科学的に自然に対応し、適度に資源を利用する経済価値観を形成していた。この経済価値観は中国の経典・訓戒に例証が見られる。古くは春秋時代、自然を保護し、自然破壊と過度の伐採を防止するため、孔子は「一本釣りはしても網は使わない。糸のついた矢は使うが寝ぐらにいる鳥は射ない」（原文は釣而不綱、弋不射宿。『論語・述而』、「綱《はえなわ》」は網の意に解釈した）と言い、孟子は「ねこそぎとる」のはいけない、「農歴に従い」、「網をたくさん持って入るべからず」、「木を切るのは時宜をわきまえよ」（以上は『孟子・梁恵王』）と言い、荀子は「農業生産に努力して費用を節約せよ、衣食を満たし適度に働く」（『荀子・天論』）べきことを強調した。魚をとる際は一網打尽にせず、木を伐採する際はむやみに伐採しないというのは、すべて資源の節約と再生のためである。時宜を得て動き、法則に従って行い、過度な開発を慎めという古人のよびかけは、文明的、科学的、合理的な資源利用観であり、人類自身と自然界の発展に有益であった。

先人が提唱した自然保護、合理的な資源開発、適切な資源利用の思想の背後には、調和のとれた文明観があり、非常にロジカルな経済価値観がある。人の世の万物は、人も含め、お互いに補い合い、切磋琢磨する存在であり、相互に関係し合い、制約し制約される関係なのである。多くの中国人は、自然資源の開発には限度があることを肝に銘じている。経済活動が、もし野放図で無制限に自然資源を伐採するような単なる乱獲行動に変わってしまったら、人々の利益も最終的には損害をこうむるだろう。だからこそ先人が叡智を持って、節約・時宜・節度をわきまえた資源の開発・利用の思想を提唱したのであり、この観念には文明と調和の価値観が含まれているのである。生産期を違えず物の持つ力を傷つけず、開発した資源を大切にし、節度を持って利用する、これこそ文明的ふるまいではないか？　これはまさに天、地、人、万物の調和・共生を追求する表れではないか？　ここに見られる経済価値観からいえば、古代の人は資源と物質の経済的価値を重視しなかったわけではなく、むしろその経済的価値の限度と本質をまさしく明々白々に認識していたのだ。

世界が近代化に向かう過程で、多くの先進国は工業化と商業化を通して近代化を実現する道を選んできた。経済発展の過程で、程度の差はあれ資源をほしいままに略奪し生態環境の汚染・破壊を行ってきた。その後、自然資源と環境保護の重要性を認識するようになってからは、挽回策をとり、生態保護の文明を極力発展させてきた。いま振り返ってみると、西洋先進国の取った「汚染してから処理」「破壊してから保護」という道すじは泥縄式発展の道であり、そこには今まさに発展過程にある中国と中国人が心すべき教訓がある。**古今内外の発展の経験と教訓の基礎を十分戒めとした上で、中国の党と政府は現実の国情から出発し、科学的発展観を打ち出した。**科学的発展観は、中国の経済社会の発展を指導する重要な思想であり、調和のとれた文明の自然資源利用を実現する時代の基本方針でもある。科学的発展観の核心は人を根本とするものであり、全面的・協調的かつ持続可能な社会の発展が目標であり、基本的方法は全面的・統一的に行われる。二〇〇七年の中国共産党第十七会全国代表会議以来、自然資源の科学的利用を重視し、エネルギー節約と環境保護を強化することは、すでに人々が謹厳実行する基本国策となり、資源節約型で、環境にやさしい社会を建設し、持続可能な発展能力を強化することも、各級、各部門の重要な行政原則となっている。生態文明への自覚、資源環境意識、天・地・人・万物の間の調和的発展と共存共栄の実現も、すでに人々の心の中に根付き、社会生産と経済生活を行う際の重要な価値観となっている。

第五章　多元性を包含する文化価値観

中華文化には悠久の歴史があり、深く広く、恩恵は全国に及び、その誉れは世界に及ぶ。中国古代文明は人に懐かしさや敬慕の念を起こさせる。現代でも十分人を引きつけてやまない魅力があり、全世界の人々に注目されている。中華文化は中国人の文化であり、中国人が創り、中国人が享受するものだ。何千何百年、中国文化が常に新しさに満ち、巨大な吸引力と凝集力を生み出すことができたのは、すべてをありのまま受け入れ、多様性を尊重し、多元性を包容する文化価値観とかかわっている。また中国文化に内在する寛容な気質や開放的な精神ともかかわっている。我が国の社会学者費孝通（一九一〇〜二〇〇五年。蘇州出身。中国諸民族の研究者、人類学者）はかつて「美言四句」という文化観を提起した。「**すべての民族にはそれぞれの美しさがあり、美しさと美しさが共に交われば天下は融合する**」（訳注1）というものだ（一九九〇年十二月に東京で開催された「東アジア社会研究国際シンポジウム」での発言）。この四句は中国伝統文化の価値観に内在する本質を描いており、グローバル化という条件のもとで、異なる民族・国家の文化が交流し共存する姿、そして人類の文化発展の未来図を思い描いたものでもある。この四句

訳注1　原文は「各美其美、美人之美、美美与共、天下大同」

の中に、中国文化にある多元性を包容する価値観念をはっきりと見ることができる。

一、融和と共存の文化関係観

人はしばしば価値観は文化の核心だという。ここでいう文化は、広義の文化である。広義の文化とは、広くあらゆるものを含む「大きな文化」であり、人類の物質面の創造だけでなく、精神面の積み重ねも含んでいる。狭義の文化とは、人類が創り出した精神世界の成果を指し、もっぱら思想、文学、芸術、宗教などに見られる文化的な産物をいう。文化は異なる文化集団の間で共有される場合もある。また、一国の範囲内に存在することも、国境を超えて異なる国家間に存在することもある。異なる文化が、それぞれ性質、内容、要素などの異なるユニットや流派を構成している場合、それら文化間の関係がどうか、異なる文化がどう共存しているかが、すなわち文化価値観に触れる問題になる。

文化は人々の活動における精神的産物であるから、文化同士の関係もまた、実際は思想的な価値判断と精神的な価値の追求に関して歴史的に行われてきた活動を反映している。かなり早い時期から、人々には異なる民族や社会、集団間の生活文化や生まれ持った文化を観察し分析したいという欲求があった。今日でも人々は、異なる類型の文化をたえず比較し議論しており、ついにはそれらを比較文化学のレベルにまで高めすらしたのである。二〇世紀四〇年代、中国文化学者陳序経（一九〇三〜一九六七年。広東出身。歴史学、社会学者）は『比較文化概論』（《文化学概観》）を著わした。この本は文化現象と文化観を検討しており、その中での真骨頂は、文化の発展過程におけるいくつかの関係性に言及している部分だ。彼が言及したのは、文化の継承と発展、文化間の平等と自由、文化の調和と衝突などいくつかの関係についてである。

文化の比較を行う際、一般的に二つの類型がある。一つ目は、ある国あるいは一文化圏の範囲内で行う比較である。私たちがよくいう中華文化とは、総体的な呼称であり、中国の各地区、各民族、各地域の文化の総称である。中華文化にはもちろん地域性文化と部門の異なる文化がある。前者は黄河文化や長江文化、北方文化、南方文化、西南文化などの文化帯で、後者は酒文化、茶文化、節句文化、飲食文化、服飾文化など異なる部門の文化群である。もし中国の黄河文化と長江文化を比較研究するなら、あるいは北方文化と南方文化を比較するなら、中国文化内部の異なる地域の文化間関係を見ることができる。一方もし異なる部門で比較をするなら、それらの間の文化的関係を見ることができる。そして二つ目は、異なる国家間の、あるいは具体的な国家または社会文化間の比較である。現代の社会にあって「中欧文化比較」、「中欧芸術比較」などこれに類する名を冠した著作は、事実上異なる国家や社会、民族、種族の文化比較なのである。

多くの異なる角度から文化間関係を概括することはできるが、簡単にいえば文化間の関係は対立と衝突、融合と調和の二大類型にほかならない。人類文化史上、拡張する文化〔あるいはある発展期に起こる突出した拡張〕に属する文化は、その発展過程でたえず他文化との衝突や摩擦を繰り返し、他文化を侵しては戦争を引き起こし、あるいは侵略を企て、滅亡に追い込む。文化植民主義、文化帝国主義、文化覇権主義とは、この種の文化の本質や根本的立場を表す語である。そのような文化的本質あるいは文化的立場に支配されると、国家によっては当然のように自国の歴史が形成した文化価値観を普遍的な価値としようとし、強引に自国の文化を世界の他文化・他民族に押し付け、自国の価値観を信奉させようとする。抵抗にあうと、少しも遠慮せず経済力、政治力、軍事力を使って攻撃し干渉する。このような思想の支配下での文化間関係は、明らかに融和的ではなく、対立・衝突・緊張をはらむものだ。

もう一方で、柔和で包容性があり、異なる文化との調和と融合を追求する文化がある。このような文化は、日常的な発展過程で、特に他の異質の文化に出会ったとき、侵略や滅亡を企図するのではなく、平和的な価値観から出発し、異質の文化を合理的に融合し、良いところは取り入れ、悪い影響は排除する。**中華文化は融合・調和を追求する文化だ。**もちろんそうだとしても局部的で短期的な衝突は避けられなかったが、これらの衝突はすべて中華民族内部でおこるもので、根本的、決定的な文化衝突ではなかった。政治・軍事面から見ると、いかに悠久の歴史を持つ民族・国家であっても、戦争の二文字の記録がないものはなく、中国もまた例外ではない。しかし、文化間関係から見ると、中華文化は調和、融合、共存を価値の主流に置くという、西洋文化と異なる特徴がある。

昔から、中国人は平和を尊び、戦争を嫌い、衝突を避け、騒いで事を大きくしたがるのではなく、調停して事を静めたがる。文化問題に言及する際、中国人はおのずと「折り合うが組みしない」（原文は、和而不同。融和を求めるが、強いて同化はしないという意味）「和をもって貴しとなす」に思いを致す。中国人と中国文化を深く理解している西洋の学者は、中国文化の平和を尊ぶ心を身をもって知っている。中国人の平和への心をはばからずに率直に言う人もいる。先に英国人哲学者バートランド・ラッセルを例に挙げたが、その実、ラッセルの前にも後にも、ラッセルと同じ観点を持つ西洋人は多くいた。彼らはみな、中華文化は和而不同を尊重し、自らの発展だけでなく他者の発展も許す文化であると考えていた。その背景には、中国人の追求する和而不同の文化関係観がある。この文化関係観の更に背後には中国人と中国文化の、他文化を尊重し、文化の多様性や多元性、差異性、複雑性を認めるだけの叡智と経験がある。

今日は文化がグローバルに流動する時代である。かつてに比べ、ある民族の文化が現代科学技術の助けを借りて、より早く、より多く、より大きく、より強く別の民族に影響を与える。これは文化のグローバル化の魅力でもあり、また異なる文化の民族・国家間で争いを引き起こしやすく、トラブルになりがちな面でもある。しかしどんな文化でも、必ず他文化に遭遇すれば唯我独尊となり、相手に敵対的な態度をとったり、相手を消してしまえと思うのであれば、私たちの生きる世界には永遠に平和、安寧は訪れず、人類も永遠に幸福にはなれないだろう。これはまさにマリの前大統領アルファ・ウマル・コナレ（Alpha Oumar Konare　一九四六年生まれ。アフリカ連合委員会委員長も務めた）の言葉通りだ。一つの文明が自然と歴史の優位性を利用して他の文明の政治や精神、モラルを圧迫すれば、人類は平和だとはいえない。人類の文化の違いを否定することは、人類の尊厳を否定することなのだ。

二、多元・多様な信仰文化観

文化の価値観について語るなら、信仰問題を避けることはできない。信仰問題は心理的な問題であり、社会と文化の問題でもある。中国人の信仰とは何か。これは今でも依然として非常に複雑な問題、あるいは難解な謎である。中国人の信仰世界は、外国人にとって見えにくいだけでなく、中国人自身でさえ一言ではっきりと言えるものではない。今に伝わる古い故事に、まさに中国人の信仰文化の問題を言ったものがある。伝承によれば、儒教、道教、仏教をそれぞれ代表する孔子、老子、如来仏が極楽世界で出会い、俗世界の堕落を嘆き、それぞれの教義を模範的に行える人物を探し、それによって大衆を導こうと決めた。あちこちを探したあげく、孔子はある徳の高い、学説をきわめて深く熟知している老人に出会った。しかし孔子が帰る際、老人は立ち上がって見送ることはなかった。孔子は老子と如来仏にもこの座して動かぬ哲人を訪ねるよう勧めた。そして老子と如来仏は、老人が彼らの学説をきわめて深く理解しており、親切な態度で、弁舌の才も手本となるに足ることを知ったが、老人はやはり座して動かなかった。三人の教義の創始者は、この老人こそ彼らが探し求めていた、三教を伝え、「三教合一」を見事に実践できる人物だと信じた。老人の元にやってきて来た理由を三人が説明すると、老人は「私は確かにあなた方の学説を知っている。非常によく理解している内容もある。しかし私の上半身は人で、下半身は石だ。あなた方の教義に対して確固たる信仰心を抱いてはいても、どれも実践することができないのだ。」これが故事の内容であり、さまざまな角度から理解・解釈ができるのだが、そこには中国人の信仰の複雑さや信仰への態度を見ることもできる。

一九世紀のアメリカ人宣教師スミス（Arthur Henderson Smith 一八四八～一九三二年。一八七二年から中国で宣教活動）は、近代以降の中国人を深く理解した外国人と見なされている。彼が書いた『中国人の性格』（《中国人的性格》）が辜鴻銘や林語堂、魯迅等に賞賛されたばかりでなく、近代以来、中国人と中国文化に対する外国人の見方に大きく影響を与えたからである。彼は本の中で「多元信仰」にわざわざ一章を割き、中国人の追い求める精神と文化における生存価値観を描き出している。彼は上述の故事も引用し、中国人の信仰文化の状況を説明している。彼の見方では、経典としての儒家思想が中国人の信仰の教義の構築にもっとも大きな影響力をもったという。その他の、上帝信仰、英雄崇拝、自然崇拝、偶像崇拝は、多数の中国人の間で一致しているとは言いがたいようだ。そこで彼は結論として、中華帝国を一つの総体として結論づけると誤りを犯しやすいとしている。中国の上流社会で流行したのは純粋に無神論のようであるが、下層の庶民に流行したのは多神論、汎神論である。スミスの観点は西洋の認識世界で必ずしも孤立しているわけではなく、多くの西洋人、少なからぬ中国人でさえ、このように中国人の信仰文化をとらえている。文化的価値をもつ信仰における多元性と多様性を正確に指摘したところにこの見方の合理性がある。

中国人の信仰文化あるいは信仰精神を研究した人々はいつの時代にもおり、ある一つの対象で中国人の信仰を代表させようとする人もいたが、残念なことにすべて失敗した。失敗の原因は、彼らがいつも一面的なものの見方で中国人の信仰を判断しようとし、常に単眼的に中国人の精神世界を観察しようとしたからで、それでは偏った結論しか出てこない。事実、中国人の信仰は多元性、多様性、複雑性をもっているので、一つの信仰をあげてあらゆる中国人を総括することはできない。常に人口が多かった中国で、数多くの中国人に、統一した一つの信仰対象を持てというのは非現実的で、ほぼ不可能といってよい。

中国人の信仰文化が多元的で多様なのは、むろん中国の人口が多いこと、社会等級の構造が非常に煩瑣で、社会秩序と体制が複雑であることとも関係があると同時に、中国人が広大な地域で生活しており、地方文化のルーツが複雑多様であることとも関係している。中国では、さまざまな集団が異なる地域に住み、生産に従事しているため、生活様式はそれぞれ違い、蓄積された文化にも隔たりがある。そのためそれぞれの地方の信仰も異なる。果てしなく広い国家領域の中で、南方人と北方人の信仰も違えば、東部にすむ人と西部から来た人の信仰も異なる。領土面積が狭い国家では想像もできないが、中国ではよく見られることだ。同じ地域の人でも、地位や役割、職業が違えば異なる信仰を持つこともある。中国の歴史を振り返って明々白々にいえることは、君臣や庶民、王侯貴族や役人、士農工商がそれぞれの階層の文化的信条と生存の信念を持っていることだ。

中華文化は広大で寛容なので、あらゆる信仰文化がすべて存在し発展することができる。この一点は、中国文化の大きさを示すものであり、かつ中国文化大成の基盤を表してもいる。信仰文化といっても中国人は西洋人のように唯一の宗教を一途に信じるのとは異なり、たとえある教義に夢中になったとしても、現実生活を逸脱して宗教に溺れることはない。夏丏尊氏は「信じ過ぎず、信じなさ過ぎない、これが中国人の根底にある信仰態度である」（訳注2）「ないと考えるよりはあると思っておけばよい」（訳注3）と言っている。これが多くの中国人の信仰原則である。この原則はまさしく中国人の信じても溺れないという文化的態度を反映している。

西洋人と異なり、中国人は異なる神を信じてもよく、異なる仏を敬ってもよく、異なる教えに従ってもよい。何を信じても、何を敬っても、何に従っても、すべて自分の好みと願望による。多くの西洋人にとって、信仰は強大な力を持つ。ある偶像を信仰することは、たとえキリスト教のイエスであろうとイスラム教の神アラーであろうと、すべて人に敬虔と畏怖の念を与える。信仰があるから、人々に畏れが生まれ、それによって欲求と制御が生まれる。中国人にとっても、信仰は同じように力を持つ。しかしこの力は外界から無理に押し付けられたものではなく、自分の内面から自覚的に望むものである。従って、中国人の信仰する偶像は畏れやプレッシャーをもたらすものではなく、偶像に対して恭順で敬虔かつ神聖視ともいうべき態度をもたらすのである。

現代中国の宗教政策では、邪教を信じず、邪教を利用して国家と社会の安全を危うくしたり人々の幸福に害を与えないかぎり、誰もが信教の自由を十分保証されている。どのような宗教でも自由に信じて

訳注2　原文は「不可太信、不可太不信、這是中国人底信仰態度」
訳注3　原文は「寧可信其有、不可信其無」

良いし、信じても信じなくても良い。信じる、信じないは人それぞれ主体的に選べるのだ。中国の政治イデオロギーと文化思潮においては、国家に危害を加える意図がない限り、そして社会と人民の幸福と安全を脅かそうとしない限り、誰もが政治的自由と文化的権利を十分享受できる。人々の文化価値観の違いは尊重され、人々の思想・観念の多様性に対しても最大限寛容なのだ。

三、長所をもって短所を補う文化利用観

「どんなに優れた人でも短所はあるものだし、どんなに劣った人でも長所はあるものだ」とは中国のことわざで、すべての事物には独自の良さがあると同時に不足もあるということを言ったものであり、それぞれの間で互いに補ってこそ共生できるという意味である。これも中国人の文化的価値観念を表すことわざで、その中でもっとも核心的なのは、それを含む中国自体の文化が他文化をどう利用するかという利用観である。事実、中国は世界の他の民族同様、文化的伝統を非常に大切にし、文化の未来の運命に大変な期待をかけている。ほかにも、中国人の文化価値観にはもう一つ顕著な特徴がある。つまり他文化の価値と意義を十二分に重視する点である。そのため、正しい言葉を聞き入れ、長所をもって短所を補い、別の文化の良いところを学習し利用するという習慣を培ってきたのだ。

孔子曰く、「**仲間が三人行けば必ず**（**そこに無形の**）**我が師を見つけることができる。**（**つまり**）**長所を見つけてこれに従い、欠点は**（**省みて**）**改めるわけだ**」（訳注4）中国にもっとも広く伝わる道徳訓戒の書『三

字経』には「孔子は昔項橐《こうたく》を師とした」という言葉がある。孔子が神童項橐に学んでいたことについての話である。今でも、多くの人が、孔子が子供たちに謙虚に学んだことを興味深げに話す。孔子の言行から、長所をもって短所を補うことをよしとする学習観、学び前進することに長じた中華民族の文化価値判断の存在を知ることができる。実際、中華文化の創造、蓄積、形成の過程を見てみれば、中国人が長所をもって短所を補うという利用観をよしとしていることを、より深く理解することができるのだ。

中華文化の主体は華夏文化、つまり漢文化である。漢民族自身が多くの民族と融合してできた民族なので、漢文化自身も多文化融合の結果だといえる。漢民族が形成された早期、夷荻蛮族と言われた部族もそれぞれ独自の文化を持っていたが、彼らの文化は民族融合と種族交流の過程で華夏文化に吸収・利用され、統一されていった。中国史上政権の分裂・統合の時期も若干現れたが、それは文化融合が目覚ましく、民族交流が比較的頻繁な時期であった。たとえば魏・晋以後の南北朝時代がこのような時期にあたる。当時「五胡乱華」という言い方があった、いわゆる五胡乱華とは、実際はまさしく漢民族と少数民族の文化融合であった。その時期、西域のペルシャ、北方国境の鮮卑《せんぴ》・羌《きょう》・氐《てい》、南方の苗《びょう》・黎《れい》などの部族が中原に殺到し、合流、融合した。胡人（異民族）は漢民族の文化、生活習慣を受け入れ、ゆっくりと漢化していき、漢族も胡人の生活と文化の良いところを取り入れていった。

訳注4　原文は「三人行、必有我師。訳其善者而従之、其不善者而改之」邦訳は『中国古典文学大系三　論語・述而』（木村英一・鈴木喜一訳、平凡社、一九七〇年）を参照した。（　）内は鈴木氏の補足。

長所をもって短所を補うという中国人と中華文化の利用観をもっともよく表したもう一つの時期は唐朝である。唐代の繁栄した社会、強大な国力、開放的な気風はよく言われることであるが、全体的にみれば、そのうち唐の太宗李世民統治下の貞観の治（六二七～六四九年）と玄宗李隆基統治下の開元の治（七一二～七四一年）がその代表的な時期といえよう。当時、中原文化はさまざまな文化を受け入れ、多くの外来文化を吸収した。中国の領域内に限らず、明確に違う外国文化からより多くのものを取り入れている。顕著な例が仏教、キリスト教、イスラム教が同時に伝来し存在したことである。これらの教義はすべて中国本土で生まれたものではない。その他にも唐代には、大量の優秀な中国の文化的成果が世界の人々に向けて提供され貢献すると同時に、飲食、服飾、農業、手工業、天文・歴法など多くの面で異国・異民族由来の文化的成果を吸収し利用した。

唐朝を例にとるのは、唐代が中国人と中国文化が外来文化をうまく吸収し利用するという点でもっとも典型的で代表的な時代だからだ。しかしそれは中国史における、他の王朝時代が、外国との交流過程で異民族文化を広く吸収した事実を揺るがすものでも過小評価するものでもない。隆盛を誇った唐代以外にも、宋・元時代、明・清時代、その対外開放的な視野は縮小しなかったどころか、さらに拡大して、異文化交流は領域でも内容の上でも新しい展開をみたのである。現在調査できる中国と外国の文化交流の文献、特に今日まで伝わる外国人の手になる歴史資料に、我々は多くの例証を見ることができる。

長所をもって短所を補うという利用観は、中華文化のマクロ的意味でいえることだ。具体的に中国人とその日常生活でいえば、その文化価値観は、誤りを認めて謙虚に学び懸命に新しいものを生み出そうとする道徳的品格とマッチし、さらに中国文化にある自ら戒め、反省し、自覚し、自らを励まそうとする生活態度とも一致している。中国伝統社会では、君子あるいは士大夫（科挙に合格または合格をめざす知識人）が道徳修養を積むときは、よく「長所をもって短所を補う」の原則に従い、賢さを見ればそれに学び、賢くないところを見ればそれを改める。彼らがもっとも長じまた自らも口にしたことは自己反省である。反省することで自分に足りないもの、思想や行動上の誤りを見つけ、努力して正すのである。

長所をもって短所を補うことが表す文化における価値判断とは何か。自らの文化はこの上なく大切だが常に完璧だとは限らない。他者の文化も同じように完璧とは限らないが、取り入れるべき良いところが常にあるに違いない。このような価値判断は、中華文化の「我が身をつねって痛みを知れ」（原文は、推已及人）の思考法および自己尊重、他者尊重を二つながら重んじる価値選択を十分に示すものだ。文化というものは心の深層レベルにあって、強い影響力を持つものでもある。文化の中に存在する、長所をもって短所を補うという観念が、学習し進歩しつづける状態を力強く保ち、経済・社会生活において謙虚で慎みぶかく驕らず焦らずの精神を持ち続けるよう力強く支えたからこそ、中国人と中華文化・文明の進歩は維持されてきたのだ。

四、睦まじく分かち合う家庭文化観

『家庭円満』（《家和万事興》二〇一〇年、台湾のホームドラマの題名）。中国伝統社会は「家こそ天下」の社会である。この社会の中で生活する人々は特殊な「家」の観念と秩序を守っている。中国人は家庭を重んじ、家庭の調和をさらに重視する。なぜなら家庭こそ幸福を感じ、心が休まる港であり、調和のとれた家庭があって初めて隆盛が保てると信じているからだ。何千何百年もの間、中華民族は力を合わせて大家庭を築いてきた。この家庭こそ大中国、大中華である。そこで、家庭成員がひたすら創造し共有してきたのが珠玉の中華文明・中華文化であった。たとえ民族の支配・被支配の違いや、方言・文字の違いがあっても、さまざまな地域の飲食、衣服など生活の違いがあっても、中国人は共通の文化的遺伝子を持ち、共通の文化的アイデンティティを持っている。この文化こそ総合性と包容性を備えた中華文化であり、そこに内在する精神なのである。中華文化は基本的かつ本質的に、中国の大地に生活するあらゆる民族文化の総和である。従って内在する精神と価値観は統一・合成されたもので、多少の違いはあれ、共通の中華文化が億万の中国人の心をかたく結びつけている。

考古学研究によれば、中国の家庭の起源は大体原始社会末期と奴隷社会初期にあると考えられている。その頃、私有制の出現と社会生産の進歩に伴い、夫婦制度と財産制度をコアとする家庭が現れた。長い時間をかけて家庭の観念は中国人の心中に深く根をはり、そこで育まれていた価値も、とぎれない鎖のように中国人の脳裡に焼きついている。物質的意味での家庭とは異なり、文化的意味での中華民族の家庭の観念はゆっくりと育まれていった。この過程の中では当然、異なる民族、異なる階層間で矛盾と衝突も少なくなかった。しかし中国人の思想や観念、中華文化は、「和」を主とし、美を至上のものとして追求するのであり、このような文化を持つ文化家園（家庭）とは中華民族のあらゆる人々の帰り着くところなのである。

秦・漢以降、中国の封建政権は儒教を信奉する政策をとり、儒家の学説が政治・社会のイデオロギーとして主導的地位を占めた。儒家学説のかかげる価値観は、その後二千年あまりの間の変遷はありながら、核心部分は変わらなかった。このような儒家の核心的価値観は、中華文化の内核となり、深く中国人の魂に根を降ろし、価値観世界の背骨となり、文化家園の根幹を形造っていった。今日に至るまで、多くの中国人の言動には伝統的儒家の価値観念が保たれており、中華文化の精神的規範が守られているのである。

中国人の文化家園について語るなら、民族大融合に触れないわけにはいかない。中国は統一された民族国家だが、民族統一と融合は長期にわたる歴史的発展の過程で形成されたものだ。**中国史上、どの王朝でも、辺境地区の民族と中原地区の民族、漢民族、少数民族の融合があった。**先秦時代から明・清まで、程度の差はあれ、民族融合はほとんど中断されることなく続いた。民族大融合は文化的大融合でもあり、中華民族と中華文化は融合の過程で形成されたのであり、中国人の文化家園も融合の中で作られていったものだ。

中国の歴史では、多くの優れた才智と策略を持つ帝王、英雄的人物が輩出した。彼らは傑出した文治や武功によって中華民族融合と国家統一に重大な貢献を果たした。毛沢東が詩の中で歌った秦の始皇帝、漢の武帝、唐の太宗、宋の太祖は中国統一の偉業を達成した皇帝である。さらに戚継光（一五二八～一五八八年。明代の武将。倭寇討伐を行なった）、鄭成功（一六二四～一六六二年。日本生まれ。明の擁護運動。台湾にわたった民族的英雄）、林則徐（一七八五～一八五〇年。清代の官僚。イギリスに反抗しアヘン戦争のひきがねを引く）、左宗棠（一八一二～一八八五年。清朝洋務派。太平天国の乱の鎮圧に活躍）などは、異なる王朝で外敵の侵入にあらがい、民族と国家の分裂を避けるために貢献した英雄達だ。しかし、真に中華民族の統一と融合を主導したのは、ごく普通の、しかし偉大な人民大衆であった。なぜなら彼らは歴史発展の真の原動力であり、歴史が動く方向を決定する強大なパワーだったからだ。人民大衆が身を投じることで、ついに本当に中華民族の崇高で美しく統一された家庭という文化価値観念が作り上げられたのである。

統一され、ともに享受する文化家園を持ったからこそ、中国人は共通の民族精神を持ち、共通の精神的拠り所をもった。この精神的拠り所は、山河よりも強固で息長く、奮闘努力し犠牲も顧みないだけの価値があった。何千何百年来、共同生産と生活実践の中で、中国人は徐々に愛国主義を核心として、一致団結し、平和を愛する勤勉かつ勇敢でたゆまぬ努力を続ける民族精神を形成していった。中でも深層レベルの愛国主義は中国人が共有する文化家園を熱愛することを求めていた。中国史において、政権・王朝は次々に入れ替わり、そして永遠に過去のものとなった。しかし中華文化は生き残り、時を重ねるほどぶ厚くなり、ますます強くなっていった。いかなる歴史の雨風も人の世の移り変わりも、中華文化の中国人に対する影響力を消すことはできなかった。

今日世界はグローバル化し、さまざまなルーツの文化と文明が外来の異質な文化と出会い衝突している。グローバル化に直面して根を断たれ本来の姿を失い同化されてしまう地域文化も少なくないだろう。未来を目前にして中国改革開放の政策は変わらず、中国と中国人が世界に溶け込む流れも変わらないだろう。このような状況下で、中国人が美しく統一された文化家園の価値を追求し続ければ、必然的にさまざまな面から挑戦を受けることになろう。どうすれば中国人が文化家園を保ち続けることができるのか。これは時代の発展が中国人に投げかける難題であり、当代の中国人が答えなければならない問題でもある。

第六章　文明の進歩を促す社会価値観

ある社会で生活する人々は、いつも社会そのものに対してさまざまな見方をもっている。社会価値観が表しているのは、ある固定的な集団が社会に対して生み出す総体的な価値判断、あるいはその集団の現状と発展の問題に現れてくる、集団の求める価値である。つまり社会を構成する人々全体の精神状態と、目標とする価値の表れである。中国人が社会の発展に対してみせる総体的な価値判断が表しているものこそ、まさに中国人の社会価値観である。

一、学業専心と切磋琢磨の集団社会観

議論は多数あるが、多くの中国人、特にインテリ層はみな、中国社会を集団型の社会構造だと見なしている。それでは、中国人が集団を重んじる観念はどこからきたのだろうか。一般的な考え方では、中国人の集団についての観念は、諸民族が統一されていく歴史的な過程で養われたものだという。それは、中国人が信じる基本的秩序に立脚し、日々実践している家庭モデルを基準にしているが、生産状況によって左右される。家庭モデルが存在し、社会生産力のレベルという制約と規定があるために、人々は秩序を重んじ、お互いの階層やポジション、社会での役割を重視する。現代中国人でさえそうなのだから、

伝統社会の中国人はなおさらである。

伝統文化の教えでは、人にはそれぞれ所属する社会での役割があり、社会全体が永遠にまわり続ける巨大マシンであり、個々人は集団の中の小さな一本のねじ釘に過ぎない。社会という機械がまわるには、各自が自分の場所で自分のすべきことをしなければならない。たとえ家庭や仕事、休暇で楽しんでいるときでさえ、人は自分の役割から抜け出すことはできない。昔から集団の観念は中国人が大切にし実践してきた観念である。この観念は社会実践、社会構造が統一されると強まる面がある一方、社会集団間の潤滑油となって中国人をまとめるという面もある。階級社会では、社会の成員同士の間で矛盾や衝突があり、熾烈な階級闘争が繰り広げられることすらあるが、巨大な集団組織としての社会が、人々に及ぼす影響を払拭することは難しい。

中国の伝統的社会でいう集団の観念は、本質的にある種の社会至上主義である。現代の言葉でいえば、社会至上主義は利他精神と理性主義を至上のものとする。社会構成員に求められるのは、万事において社会集団の利益を優先し、個人の利益と社会・集団の利益が衝突した時は天の理に従い、欲望を抑え、個人の利益の犠牲も辞さないことである。封建社会では、最大の集団は世俗の庶民だが、最高の集団は天である。天子としての皇帝が天の道を代表して行い、集団を統治・管理する全権力を持つ。集団は個人より大きく、皇権は人権よりも高いため、社会も家長制化した専制社会となるのである。

ヘーゲルは、伝統は鎖のようなもので、過去に現れた観念は現代にも現れるといっている。歴史上重んじられた集団の観念は、当代中国人にあっても当然途絶えることなく、継承され発展していく。封建社会が終結した後の百年、中国社会は比較的大きな変動を経た。革命は一方で伝統社会に残る人々の脳内の集団意識をゆさぶり、また一方で組織だった秩序ある行動と価値観を呼びさました。中国共産党のリーダーによって革命や建設、改革が行われる過程で、中国人の集団の観念にはすでに新しい社会価値観のDNAがすりこまれていた。つまり集団とはあらゆる人の平等、自由の連合体であり、もはや専制ではなく民主を意味し、人は集団を構成するかけがえのない一人となったのである。個人がなければ集団もない。改革開放を経て、当代中国人の頭にある集団の観念は、過去のものとは大きく異なる、新しい社会集団の意識として生まれ変わったのである。

客観的にいえば、かつてと比べ、現代中国人の集団の観念は非常に弱まった。その原因を考えてみると、主に当代に入ってからの社会の変化と関係がある。中でもグローバル化、情報化の時代の潮流の中で、伝統的家庭構造が変化し、利益の創造と分配の個人化傾向が進み、特に大量の外来文化の影響が、中国人の集団的社会価値観を変えつつある。当代の集団の観念は、過去に比べ全体的に薄まっており、集団への関心や注目度もかつてに比べ少なくなっているという研究もある。人々の集団としての価値意識と集団に奉仕する観念もあいまいになり始めている。改革開放以来の中国人の、社会や集団に対する観念が変化していないといえば嘘になる。但し、もしこの変化が、すでに集団と社会観念を失うところまでいったと聞けば耳を疑いたくなる。

事実、情勢は気落ちするほど悲観的ではない。二〇一二年春夏、有名ウェブサイトで、ある無記名オンライン投票が行われた。現在の中国社会に対する見方を訊ねるもので、中国社会の発展の現状と未来への趨勢についてコメントを残した投票者が少なくなかった。その中で多くの人がさまざまな社会問題を挙げた。社会発展の現状に不満を表明した人もある程度いたが、最終的な意見の統計では、総数の七十八％以上の人が中国社会の現状に肯定的意見を持っていることがわかった。絶対多数の人が未来の中国の発展に自信をもっており、中国社会の美しい未来に期待を膨らませている。特に喜ばしいことに、どの業種、どの職種でも自分の属する集団にみな満足し、そこに安定感と達成感を感じている。中国社会の状況に対するこの投票結果から、懸命に学び互いに切磋琢磨する（原文は、敬業楽群）集団価値観が見てとれる。

中国人は、仕事があるから自立でき、集団があるから仲良くなれると信じている。敬業楽群は美徳であり、処世術でもある。懸命に働けば事業が成功し、楽しく共に働けば幸福な生活が得られる。私たちはこれから社会に出ようという子供に「しっかりやりなさい」「人とうまくやりなさい」と親が言い聞かせるのを日常的によく見かける。「しっかりやる」というのは楽しく共に働くことの別の言い方で、「人とうまくやる」は共に楽しむことの別の表現である。この両親の願いが伝えているのは、子供たちの敬業楽群の資質と能力への期待である。この期待は中国人の間では普遍的かつ現実的である。

計画経済時代の「鉄飯碗」（一九八〇年代改革開放時代の言葉。公的な安定的職業のことを指す。親方日の丸の意）

を脱し、当代の中国人は、かつての社会のような個人の組織への帰属意識をすでに失ってはいるが、たとえ社会がどのように変わろうと、決して職業・事業への期待をなくしたわけではなく、また仕事への責任意識をなくしてもいない。懸命に働くことは現代でも依然として職業に向き合う基本的態度であり、ともに楽しむことも必要な生活実践である。多くの人が昔ながらに持っていた敬業楽群の中に、やはり集団への愛と尊敬、集団主義的価値観への信奉と誠実さを見ることができる。

二、自由平等の民主社会観

自由平等は、現代啓蒙時代を経て、人類が自らの価値観として熱望したあり方であり、現代の民主観念の中心テーマでもある。西洋の古代社会であれ、中国の古代社会であれ、自由、平等を内包する民主社会の観念は、実際は古代の社会体制におしこめられてしまい、客観的に見て実現も存在も難しかった。たとえ賢者・智者がその重要性を考えたとしても、それはただ美しい夢に過ぎなかった。従って自由平等と民主の価値観に触れる際は、中国であれ外国であれ、すべて現代社会、現代制度、現代意識と関係してくる。

伝統的中国社会が専制社会であったからといって、現代中国人が自由平等の民主社会観念について知らないわけではない。二〇世紀初頭に近代民主主義革命が起こってから、中国社会では民主化へのプロセスが始まった。初期の民主革命がさきがけとなって、多くの人々が自由平等という民主社会の価値観が重要であることを知るようになった。孫中山（孫文。一八六六〜一九二五年。広東省出身。国民党の創始者、三民主義を唱えた）はその中でもっとも重要な先導者である。当時彼は積極的に自由平等思想を主張し、自由平等と専制反対、民主立国とを結び付けた。彼は「我が国土はこんなに広く、人民はこんなに多く、産物はこんなに豊富なのに、なぜこんなに貧しいのだ！　なぜかといえば、清朝の専制政治のせいで、人民には何の権利もなければ義務もなかったからだ。自由平等の幸せがなければ、やけになって責任を放り出し、競争心も、進取の気性もあろうはずがない。これこそ我が国が貧窮する一大原因なのだ」[1]と述べた。また、「世界人類はもはや、幼年期をはるかにすぎ、自由平等の思想は日に日に進歩している。いわゆる世界潮流は後戻りできない」[2]とも述べている。指導者孫中山の民主革命は失敗に終わったが、中国人に民主観念への第一歩をもたらした。続いてやって来たのは、続々とわきおこる激しい民主革命のうねりだった。

しかし、中国社会は所詮西洋の社会とは違う。西洋の民主は、成長できる特定の環境と土壌があったのである。従って近代中国の民主革命のうねりは、西洋の人々と中国の民主革命初期の人々が期待したような果実をかならずしも結ぶことはなかった。しかし中国共産党は偉大で叡知のある政党だ。誠実に国情を把握し、中国の革命、建設、改革を率い、新民主主義革命、社会主義革命を通して、新民主つまり人民民主と社会主義民主の過程へと歩み始めた。今日でも、中国人は、やはり中国人自身の民主社会を建設しようと開拓に努力し、勇敢に前進している。

ある長い一時期、国内外の学術界、思想界では次のような見方が流行した。中国は数千年にわたる封建専制の伝統があり、封建的秩序と階級制度のもとで生活することに慣れ、いかなる自由、平等、民主の観念もないというものだ。この見方は一見理にかなっているようだが、実際は必ずしもそうとはいえない。中国には近代西洋人の理解するような自由、平等、民主の観念はなかったが、それは中国人自身が価値観を追求しなかったということを意味しない。今日まで中国人は終始、物と人の束縛から脱け出すことにあこがれ、自身を解放しようと願い、自然と自我は人間自身のものだと考えてきた。このことは長大な歴史の流れにあっても途切れることはなかった。たとえ専制政権の統治下にあっても、中国人は自由と平等を心から熱望し追い求めたのである。

しかし、当代中国人の脳裡にある価値観念は中国社会の現実的状況と連動しているから、一度伝統や国情、実状を見逃してしまうと、いかなる価値観も砂上の楼閣、せいぜいまぼろしの夢物語にすぎなくなってしまう。従って中国の価値観は、中国自身の特徴によって決まる。当代中国人の心にある自由の観念は必ずしも、何の制約もなく、何の限界も条件もない「大いなる自由」ではなく、理性の追求をかかげ、科学的価値が浸透した自由であり、自由と規律が有機的に統一されたものである。当代中国人の

原注1　《在山西実业界学界及各党派欢迎会的演说》（一九一二年九月二〇日）《孙中山全集》第二巻、四七六頁、北京、中華書局、一九八二年。
原注2　《建国方略・孙文学説》（一九一七‐一九一九年）。《孙中山全集》第六巻、二一〇頁、北京、中華書局、一九八五年。

いう平等の観念は、盲目的に「一切平等」を追い求める均等主義でもなければ、スローガンでしかないでたらめな平等にとどまるものでもない。**当代中国人に言わせれば、自由、平等を追求する民主社会観念は、精神的肉体的欲求を満たし、外界との有機的統一をなしとげる真実なのであり、中国社会および中国人自身の現実的存在、発展目標、精神的価値基準と結びつく客観的事実なのだ。**

改革開放とグローバル化の影響で、西洋の自由、平等、民主の観念に対する当代中国人の理解度は、実際中国人・中国社会そのものに対する西洋社会の理解度をはるかに超えている。どうあれ、当代中国人が、西洋社会の自由、平等、民主などの価値観念を身をもって知った上で、中国人独自の自由、平等、民主の価値観念をオリジナルに打ち立てるには、依然として苦しい努力が必要だ。中国人が外来の価値観の干渉から抜け出し、中国の特色ある、独自の自由・平等な社会主義民主観念を創造、建設し真に享受するようになって初めて、中国人は真の自由、平等、民主を獲得し、自己と世界に対して真に解放されるのである。

三、健全で積極的な社会道徳観

この数年、中国経済社会の発展と総合的国力の向上に伴い、中国人の物質生活は明らかに改善した。物質的な生活水準が一定程度上昇すると、人々は精神生活に目を向け始める。そのため今日多くの中国人が文化的生活と道徳的生活に注目し始め、精神生活の質をあげることを重要な努力目標とし始めた。

このような状況のもと、人々の社会道徳観念の現実とレベルも重要テーマとなり、社会的な道徳問題にも多くの人が注目するようになった。しかし、人々の注意を引く社会道徳の問題は、往々にして現代の情報化という条件下で拡散する社会的事件となって現れる。

社会道徳の問題に注目が集まる中、改革開放以来の道徳状況については明らかに意見が二分されている。一つは、改革開放以来中国人の道徳状況はひどくなり、社会道徳の崩壊は深刻で、もはや社会倫理の最低ラインに迫っているというものである。近年発生した多くの事件は、このような意見を持つ人から、社会道徳の崩壊、世相悪化の例だと指摘されている。たとえば二〇〇六年南京市で起き、人々を困惑させた彭宇事件がある。主人公の彭宇は、転んだ老婦人を助け起こして法廷に告訴された。老婦人は彼が故意につき倒したと述べ、法廷で賠償を要求したのだ。メディアが介入したこと、事件の真相がうやむやだったことから、事件の全貌が一向に明らかにならず、さっぱりわからなかった。しかし、多くのネットユーザーは結局、彭宇は誤審され濡れ衣をきせられたのだと結論づけた。この事件で、人々はみな、現代の社会道徳と倫理的信頼の危機を感じ取った。その後次々起こった多くの事件もほとんどその感覚を深めることになったようだ。たとえば、二〇〇八年の四川大地震の際、世間に議論を巻き起こした「範跑跑事件」（四川地震の時、教師範美忠が生徒より先に逃げた事件）、二〇一〇年に南方で起きた悪名高い「挟尸要価事件」（大学生3名が溺れた子供を助けようとして亡くなった際、大学に対し遺体引き上げ料を要求した事件）、二〇一一年広東で起こり世間を震撼させた「小悦悦事件」（車に轢かれた女の子を周囲が見て見ぬふりをした事件）などである。

もう一つの見方は次のようなものだ。現実生活の中でさまざまな不道徳現象が起こり、かつて見られなかった不道徳な行為を目にするようになった。それとともに、多くの新しい道徳的難題が生まれてさえいるが、しかし中国人の道徳レベルは全体的に大幅に上がっている。改革開放が悪しき旧道徳から抜け出させ、新しい時代に合った新しい道徳を獲得させたというものだ。その点で十分根拠となる事件も近年多く発生している。たとえば長年にわたり熱心に献血奉仕や人助けをした新時代の雷鋒（一九六二年に公務のため殉職した実在の人物。道徳の模範とされ「学雷鋒」運動が起こった）郭明義さん、二〇一一年二階から落ちた子供を腕に抱きとめた杭州市民の「もっとも美しい母」呉菊萍さん、二〇一二年の「もっとも美しい教師」張麗莉さん（学生を助けるためにバスにひかれ両足を失った教師）、「もっとも美しい」運転手呉斌さん（交通事故の際自分を顧みず乗客を助けたバスの運転手）などだ。最近の二年間で「もっとも美しい」はニュースの流行語となった。全国各地にさまざまな「もっとも美しい」現象が起こり、続々と「もっとも美しい」人物が現れた。それは新道徳の代名詞となり、当代中国社会で美徳といえるさまざまな現象が起こるたびに人々は期待を寄せるようになった。これが新時代道徳の気風なのである。

中国は今まさに社会の転換期を迎え、社会主義市場経済体制の初歩的建設もいまだ成熟していない。そんなときに社会の思想・文化と道徳の領域に大きな変動、分裂、転換が起こることは、正常なだけでなく必然的なことだ。それでは、当代中国人の追い求める社会道徳上の本質的な価値とは、結局何なのか。悲観論者が言うように、中国人はすでに道徳の深いふちに滑り落ちてしまったのだろうか。もし中国の国情の現実と中国社会の発展段階を客観的かつ正確に把握し、そして歴史的、世界的な視野から当代中国人の社会道徳状況を観察すれば、次のような結論を出すことは難しくないと私たちは考える。つまり、当代中国人は今まさに新しい道徳を創造する局面に臨んでいる。ある領域には道徳崩壊の現象が存在する。それは客観的な見方であり、かつ現実に符合している。しかしもし中国人の道徳水準がすでに歴史における最低ラインにまで落ちてしまい、もうつける薬もないというのならば、それはいくらなんでも大げさに過ぎるのではないだろうか。

ある社会の道徳状況を判断するとき、見落とせない重大な観点がある。それは、特定の発展段階にある社会が、ある反道徳的事件を許容しなかった時、それはまさに道徳上の進歩と昇華を迎えようとしていると考える観点だ。現代中国では、特に若い人たちが毎日ネット上でみた事件を評価して、褒めたり批判したりしている。褒めるのは、社会の美徳であり良俗にまさに合致する事件である。一方批判するのは、どうしても変えたい、変えるよう努力したいと望む、まさに不道徳な事件だ。問題のポイントは彼らが大量に批判を浴びせるというところではなく、その出発点が善良で道徳に合致し、人を善に導き、自らを律することに長じている点だ。

現代中国人の道徳は、健全で、積極的で、真・善・美をかかげ、嘘・悪・醜を排斥する傾向にある。これは、現代中国がまさに社会の急速な発展の時期にあり、時代の進歩と社会の発展・上昇期にあるからだ。経済の繁栄、政治の安定、社会の開放によって美しい道徳生活が求められるのは必然的だ。社会で善い行いが現れるたびに、人は心からの賛同と肯定を表明し、より多く善が行われること、自分でも善を行うことを望み、基本となる道徳基準に背こうとはしない。社会で道徳に反するある事件が起きた際、人々は心から排斥し、嫌悪し、自らへの教訓とする。このような道徳状況こそまさに、健全で積極的で好ましい状況ではないか。

四、協調して進歩する安定社会観

「大国を治めるには小魚を煮る要領が必要だ」（治大国如烹小鮮『道徳経・第六十章』に出る句。細かく気を配る必要がある意。）歴史上同じ時期のどの国と比べてみても、中国はまぎれもない大国であった。領土の広大さだけでなく、人口の多さ、経済社会の発達、文明度の高さなども然りだ。大国が発展し進歩するには、社会が安定していなければならない。安定した政策と路線が必要なだけでなく、安定した社会環境も必要である。歴史上、安定を求めることは歴代王朝の統治者の政治目標であり、当然普通の庶民にとっても生きていく上での願望であった。

人類社会の発展をながめると、動乱を治めることはそのうちの重要な法則である。社会が安定して発展しているときは、統治は比較的簡単であり、全体の進歩のバランスと公平度も大きい。しかし社会の変革期には、ある意味社会の進歩と創造をもたらすものの、変革の代償も非常に大きい。時には一つの時代、多くの集団が到底「受け入れがたいほど大きい」ことすらある。安定した社会から得るものがもっとも多いのはたいてい一般庶民だが、これも多くの、特に普通の人々が長期安定社会を望む理由の一つだ。

中国人が社会に持つ価値判断の中で、安定観は中心となる価値観念だ。安定を得るために、封建統治者たちは全身全霊で礼儀と道徳を教え、法律を定め、王道（仁、義に基づく統治）を行ない、仁政を説き、人民の力を大切にし、人民の生活を助け、懐柔して混乱を制する。封建政策の指導のもと、人々は秩序を守り、礼儀を貫き、名誉を守り、和睦を尊び、安定的な生産と生活の秩序をもっとも重要な価値法則の一つと考えるようになる。今日でも、中国人は、やはり日常生活の安定を保つ習慣を守っている。安定のために、人は調和と和睦を求め、戦争を嫌い、やむを得ない場合でなければ変革せず、やむを得ない場合でなければ戦争に巻き込まれたがらない。今日でさえ、「安定がすべてを制する」「安定は最良の政治」「安定してこそ発展がある」「争わず、苦しめない」が依然として非常に重要な統治理念であるが、実はこれらの言葉の背後には、同じような安定追求の価値観があるのだ。

しかし、安定は強固さにつながるが、ときに硬直化をもたらす。安定に頼るだけでは十分でなく、積極的な変革も、それを通して得られる活力や生命力も社会の発展には必要なのだ。少しでも中国の歴史を紐解いてみると、ほぼどの王朝にも変革があり、とりわけ社会が硬直化しすぎて発展の推進力を失ったときには、必ず変革を後押しする人物が現れている。秦朝の商鞅の変法（軍功によって爵位を与え、爵位によって家・土地を分け与える一種の富国強兵政策）、北宋の王安石による変法（地主や商人の利益を抑え貧しい農民・商人を保護して政府も同時に利益を得るという新しい方法）から、清朝末期の戊戌の変法（日本の明治維新を手本に上からの改革によって清国を強くするという政治運動）といった変革に至るまで、一時的、局部的な混乱をもたらすものの、最終的には社会の安定と持続的発展に有利に展開している。

うまく変革と安定のバランスをとることは、社会が効果的な発展を実現できるかどうかのポイントである。中国史上、多くの王朝が、自発的あるいはせまられて革新的な手段を取り、政治を執り行なった。しかしたまたま変革と安定のバランスをうまくとれなかったために、危機に瀕する局面が起きてしまうことも少なくない。変革と安定は弁証の範疇にある対概念であり、社会の存続と発展というコインの表裏である。両者のどちらもおろそかにすることはできない。両者の関係がうまくつりあい、変革と安定が最良のバランスになって初めて、すぐれた統治ができ、最高の安定と発展を得ることもできるのである。従って、**安定と変革が高度な協調に達してこそ、良好な発展結果が得られるのだ。**

社会の安定的な発展と協調的な進歩を求めるために、中国の統治者は徳治と法治という、二種類の統治手段を用いることを常とした。中国史上かつて法家学説の伝統があり法家を統治理念とした王朝があった。秦朝はまさにそのような王朝であった。しかし秦・漢以降、儒家思想が隆盛となって、その統治理念が徐々に主導的位置を占めるようになったことから、中国社会は二千年あまりの間、濃厚な儒教的色彩に染め上げられていった。そして中国人の社会価値観体系の中で、法治と法制度の重要性は薄まっていった。長期的封建統治の中で、儒家が唱える徳治理念が正統となり、徳を主、刑を従とするのが中国社会を統治する基本的な基準となった。人々の認識する思想において、厳しい刑罰は触れてはならない最低ラインを示すが、一方で徳を積み身を修めることは、当然求めるべき価値だとされた。社会の安定は人々の道徳修養に最大限かかっていたのである。

今日、中国人はまさに全力で中国の特色ある社会主義事業を推し進めているところだ。社会主義市場経済や社会主義民主政治、社会主義先進文化を建設する過程では、ただ徳治と法治だけに頼っていたのではいかなる手段でも不十分だ。より多くの中国人が変革と安定、徳治と法治の関係をロジカルに考え始めている。より多くの人が社会の発展には安定だけでなく変革も必要であり、安定であれ変革であれ、中国の進歩には徳治だけでなく法治も必要なのだということを理解しはじめている。そして徳治と法治が有機的に結合し補い合ってこそ社会は協調と発展を遂げられるのだ。当代の中国人は、優秀な徳治の伝統を捨てることもなければ科学的統治理念を排斥することもない。中国人の心では、徳治と法治がすでに同等に重要な地位に昇り、安定と変革はすでに同等に重要な価値となったのである。

《訳者参考文献》

『組織行動のマネジメント』スティーブン・P・ロビンス著、高木晴夫訳、ダイヤモンド社、二〇〇九年
『中国古典文学大系一　書経・易経』、赤塚忠訳、平凡社、一九七二年
『中国古典文学大系三　論語・荀子・孟子・礼記（抄）』木村栄一・鈴木喜一訳、平凡社、一九七〇年
『中国古典文学大系一二　史記　下』野口定男訳、平凡社、一九七一年
『中国古典文学大系一三　漢書・後漢書・三国志列伝選』本田済編訳、平凡社、一九六八年
『中国古典文学大系一五　詩経・楚辞』目加田誠訳、平凡社、一九六九年
『史記列伝　五』小川環樹・今鷹真・福島吉彦訳、岩波書店、一九七五年
『【新訳】菜根譚　先行き不透明の時代を生き抜く四〇歳からの処世術』守屋洋著、PHP研究所、二〇一一年
『中国の歴史　上・中・下』貝塚茂樹著、岩波新書、一九六四〜一九七〇年
『マルコ・ポーロ　東方見聞録』青木富太郎訳、社会思想社・現代教養文庫、一九九七年
『世界の名著二八　モンテスキュー』三五一頁〜、中央公論社、一九七二年
『カンタベリー物語』チョーサー著、金子健二訳、角川書店、一九六五年
『デカメロン』ジョバンニ・ボッカッチョ著、河島英昭訳、講談社、一九九九年

■著者紹介

宇文利（う ぶんり）

法学博士。北京大学教授。中国人文学学会理事、中国青少年研究会理事、国家ラジオ映画テレビ総局映画審査委員会委員を歴任。また国家社会科学基金プロジェクトを多数主催。また、複数の教育部人文社会科学研究プロジェクトを完成させ優秀賞も受賞。代表的著作に『中華民族精神現代発展新論』(2007 年)、『中国精神読本』（2008 年)、『現代思想政治教育課程論』（2012 年）がある。

■監訳者紹介

日中翻訳学院（にっちゅうほんやくがくいん）

日本僑報社が 2008 年 9 月に創設した出版翻訳プロ養成スクール。

■訳者紹介

重松なほ（しげまつ なほ）

1978 年生まれ。1988 年秋、北京の日本人小学校で過ごす。城西国際大学人文学部国際文化学科卒業。仕事のかたわら日中翻訳を学び続け、2013 年 10 月より日中翻訳学院にて出版翻訳を学ぶ。

中国人の価値観—古代から現代までの中国人を把握する—

2015 年 12 月 22 日　初版第 1 刷発行

著　者　　宇文利（う ぶんり）
訳　者　　重松なほ（しげまつ なほ）
発行者　　段景子
発行所　　株式会社 日本僑報社
〒 171-0021 東京都豊島区西池袋 3-17-15
TEL03-5956-2808　FAX03-5956-2809
info@duan.jp
http://jp.duan.jp
中国研究書店 http://duan.jp

2015 Printed in Japan.　ISBN 978-4-86185-210-7　C0036

豊子愷児童文学全集（全7巻）

少年美術故事（原書タイトル）

四六判 並製　1500円＋税
ISBN 978-4-86185-189-6

中学生小品（原書タイトル）

四六判 並製　1500円＋税
ISBN 978-4-86185-191-9

華瞻的日記（原書タイトル）

四六判 並製　1500円＋税
ISBN 978-4-86185-192-6

給我的孩子們（原書タイトル）

四六判 並製　1500円＋税
ISBN 978-4-86185-194-0

博士見鬼（原書タイトル）

四六判 並製　1500円＋税
ISBN 978-4-86185-195-7

2015年10月から順次刊行予定！

※既刊書以外は中国語版の表紙を表示しています。

一角札の冒険

次から次へと人手に渡る「一角札」のボク。社会の裏側を旅してたどり着いた先は……。世界中で愛されている中国児童文学の名作。

四六判 並製　1500円＋税
ISBN 978-4-86185-190-2

少年音楽物語

家族を「ドレミ」に例えると？音楽に興味を持ち始めた少年のお話を通して音楽への思いを伝える。

四六判 並製　1500円＋税
ISBN 978-4-86185-193-3

好評既刊書籍

春草
～道なき道を歩み続ける中国女性の半生記～

裘山山 著　于暁飛 監修
徳田好美・隅田和行 訳

中国の女性作家・裘山山氏のベストセラー小説で、中国でテレビドラマ化され大反響を呼んだ『春草』の日本語版。

四六判 448 頁 並製　定価 2300 円＋税
2015 年刊　ISBN 978-4-86185-181-0

パラサイトの宴

山本要 著

現代中国が抱える闇の中で日本人ビジネスマンが生き残るための秘策とは？
中国社会の深層を見つめる傑作ビジネス小説。

四六判 224 頁 並製　定価 1400 円＋税
2015 年刊　ISBN 978-4-86185-196-4

必読！今、中国が面白い Vol.9
中国が解る 60 編

而立会 訳
三潴正道 監訳

『人民日報』掲載記事から多角的かつ客観的に「中国の今」を紹介する人気シリーズ第 9 弾！　多数のメディアに取り上げられ、毎年注目を集めている人気シリーズ

A5 判 338 頁 並製　定価 2600 円＋税
2015 年刊　ISBN 978-4-86185-187-2

新疆物語
～絵本でめぐるシルクロード～

王麒誠 著
本田朋子（日中翻訳学院）訳

異国情緒あふれるシルクロードの世界
日本ではあまり知られていない新疆の魅力がぎっしり詰まった中国のベストセラーを全ページカラー印刷で初翻訳。

A5 判 182 頁 並製　定価 980 円＋税
2015 年刊　ISBN 978-4-86185-179-7

同じ漢字で意味が違う
日本語と中国語の落し穴
用例で身につく「日中同字異義語 100」

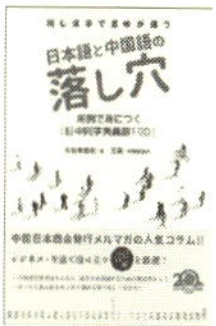

久佐賀義光 著
王達 監修

" 同字異義語 " を楽しく解説した人気コラムが書籍化！中国語学習者だけでなく一般の方にも。漢字への理解が深まり話題も豊富に。

四六判 252 頁 並製　定価 1900 円＋税
2015 年刊　ISBN 978-4-86185-177-3

夢幻のミーナ

龍九尾 著

不登校の親友のために新学期のクラスで友達を作らず次第に孤立する中学二年生のナミ。寂しさ募るある日、ワインレッドの絵筆に乗る魔女ミーナと出会った。

文庫判 101 頁 並製　定価 980 円＋税
2015 年刊　ISBN 978-4-86185-203-9

現代中国における農民出稼ぎと社会構造変動に関する研究

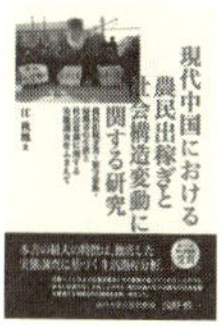

江秋鳳 著

「華人学術賞」受賞！
神戸大学大学院浅野慎一教授推薦！
中国の農民出稼ぎ労働の社会的意義を、出稼ぎ農民・留守家族・帰郷者への徹底した実態調査で解き明かす。

A5 判 220 頁 上製　定価 6800 円＋税
2015 年刊　ISBN 978-4-86185-170-4

中国出版産業データブック　vol. 1

国家新聞出版ラジオ映画テレビ総局図書出版管理局 著
井田綾 / 舩山明音 訳　張景子 監修

デジタル化・海外進出など変わりゆく中国出版業界の最新動向を網羅。
出版・メディア関係者ら必携の第一弾、日本初公開！

A5 判 248 頁 並製　定価 2800 円＋税
2015 年刊　ISBN 978-4-86185-180-3

NHK特派員は見た
中国仰天ボツネタ＆㊙ネタ

加藤青延 著

中国取材歴 30 年の現 NHK 解説委員・加藤青延が現地で仕入れながらもニュースにはできなかったとっておきのボツネタを厳選して執筆。

四六判 208 頁 並製 定価 1800 円＋税
2014 年刊 ISBN 978-4-86185-174-2

「ことづくりの国」日本へ
そのための「喜怒哀楽」世界地図

関口知宏 著

鉄道の旅で知られる著者が、世界を旅してわかった日本の目指すべき指針とは「ことづくり」だった！「中国の『喜』」「韓国の『怒』」などそれぞれの国や人の特徴を知ることで、よりよい関係が構築できると解き明かす

四六判 248 頁 並製 定価 1600 円＋税
2014 年刊 ISBN 978-4-86185-173-5

必読！今、中国が面白い Vol.8
中国が解る 60 編

而立会 訳
三潴正道 監訳

『人民日報』掲載記事から多角的かつ客観的に「中国の今」を紹介する人気シリーズ第 8 弾！ 多数のメディアに取り上げられ、毎年注目を集めている人気シリーズ

A5 判 338 頁 並製 定価 2600 円＋税
2014 年刊 ISBN 978-4-86185-169-8

中国の“穴場”めぐり
ガイドブックに載っていない観光地

日本日中関係学会 編著

中国での滞在経験豊富なメンバーが、それら「穴場スポット」に関する情報を、地図と写真、コラムを交えて紹介する。

A5 判 160 頁 (フルカラー) 並製 定価 1500 円＋税
2014 年刊 ISBN 978-4-86185-167-4

日本の「仕事の鬼」と中国の＜酒鬼＞

冨田昌宏 著

鄧小平訪日で通訳を務めたベテラン外交官の新著。ビジネスで、旅行で、宴会で、中国人もあっと言わせる漢字文化の知識を集中講義！

四六判 192 頁 並製 定価 1800 円＋税
2014 年刊 ISBN 978-4-86185-165-0

大国の責任とは
～中国平和発展への道のり～

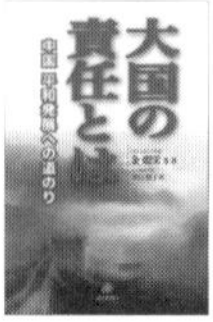

金燦栄 著
本田朋子（日中翻訳学院）訳

中国で国際関係学のトップに立つ著者が、ますます関心が高まる中国の国際責任について体系的かつ網羅的に解析。世界が注視する「大国責任」のあり方や、その政策の行方を知る有益な 1 冊．

四六判 312 頁 並製 定価 2500 円＋税
2014 年刊 ISBN 978-4-86185-168-1

中日　対話か？　対抗か？
日本の「軍国主義化」と中国の「対日外交」を斬る

李東雷 著　笹川陽平 監修
牧野田亨 解説

「日本を軍国主義化する中国の政策は間違っている」。事実に基づき、客観的かつ公正な立場で中国の外交・教育を「失敗」と位置づけ、大きな議論を巻き起こした中国人民解放軍元中佐のブログ記事を書籍化。

四六判 160 頁 上製 定価 1500 円＋税
2014 年刊 ISBN 978-4-86185-171-1

「御宅（オタク）」と呼ばれても
第十回中国人の日本語作文コンクール受賞作品集

段躍中 編

今年で第十回を迎えた「中国人の日本語作文コンクール」の入選作品集。日本のサブカルの"御宅（オタク）"世代たちは「ACG（アニメ、コミック、ゲーム）と私」、「中国人と公共マナー」の 2 つのテーマについてどのように考えているのか？

A5 判 240 頁 並製 定価 2000 円＋税
2014 年刊 ISBN 978-4-86185-182-7

好評既刊書籍

新結婚時代

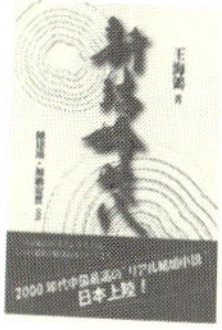

王海鴿 著
陳建遠 / 加納安實 訳

中国の現代小説を代表する超ベストセラー。都会で生まれ育った妻と、農村育ちの夫。都市と農村、それぞれの実家の親兄弟、妻の親友の不倫が夫婦生活に次々と波紋をもたらす

A5 判 368 頁 並製 定価 2200 円＋税
2013 年刊 ISBN 978-4-86185-150-6

中国漢字を読み解く

～簡体字・ピンインもらくらく～

前田晃 著

簡体字の誕生について歴史的かつ理論的に解説。三千数百字という日中で使われる漢字を整理。初学者だけでなく、簡体字成立の歴史的背景を知りたい方にも最適。

A5 判 186 頁 並製 定価 1800 円＋税
2013 年刊 ISBN 978-4-86185-146-9

必読！今、中国が面白い 2013-14

中国が解る 60 編

而立会 訳
三潴正道 監訳

『人民日報』掲載記事から多角的かつ客観的に「中国の今」を紹介する人気シリーズ第 7 弾！ 多数のメディアに取り上げられ、毎年注目を集めている人気シリーズ

A5 判 352 頁 並製 定価 2600 円＋税
2013 年刊 ISBN 978-4-86185-151-3

中国の未来

金燦栄 著
東滋子（日中翻訳学院） 訳

今や GDP 世界第二位の中国の未来は？
国際関係学のトップに立つ著者が、ミクロとマクロの視点から探る中国の真実の姿と進むべき道。

四六判 240 頁 並製 定価 1900 円＋税
2013 年刊 ISBN 978-4-86185-139-1

夫婦の「日中・日本語交流」

～四半世紀の全記録～

大森和夫・弘子 編著

「日本で学ぶ留学生や、海外で日本語を学ぶ一人でも多くの学生に、日本を好きになってほしい」。そんな思いで、49 歳で新聞社を辞め、夫婦で日本語の学習情報誌「季刊誌『日本』」を発行。夫婦二人三脚 25 年の軌跡。

A5 判 240 頁 並製 定価 1900 円＋税
2013 年刊 ISBN 978-4-86185-155-1

大きな愛に境界はない

—小島精神と新疆 30 年

韓子勇 編
趙新利 訳

この本に記載されている小島先生の事跡は、日中両国の財産であり、特に今の日中関係改善に役にたつと思う。
—日本語版序より

A5 判 180 頁 並製 定価 1200 円＋税
2013 年刊 ISBN 978-4-86185-148-3

中国都市部における中年期男女の夫婦関係に関する質的研究

于建明 著

石原邦雄成城大学教授 推薦
藤崎宏子お茶の水女子大学大学院教授 推薦

中年期にある北京の男女三十数ケースについて、極めて詳細なインタビューを実施し、彼女らの夫婦関係の実像を丁寧に浮かび上がらせる。

A5 判 296 頁 上製 定価 6800 円＋税
2013 年刊 ISBN 978-4-86185-144-5

中国は主張する

—望海楼札記

葉小文 著 多田敏宏 訳

「望海楼」は人民日報海外版の連載中コラムであり、公的な「中国の言い分」に近い。著者は日本僑報社の事情にも詳しく、「中国の言い分」を知り、中国を理解するための最高の書。

A5 判 260 頁 並製 定価 3500 円＋税
2013 年刊 ISBN 978-4-86185-124-7